日本は本当に
戦争する国になるのか？

【大活字版】

池上 彰

はじめに――根拠なく不安がるのではなく、きちんと考える

2015年11月の秋の叙勲《じょくん》の名簿を見ていたところ、外国人で旭日《きょくじつ》大綬章を受けることになった人物に「リチャード・リー・アーミテージ」の名前がありました。アメリカのブッシュ（息子の方）政権時代の国務副長官です。大の知日派で、日本の政治・防衛分野に大きな影響力を持っています。この本文にも登場します。

安倍政権の安保関連法の改正を前に、その内容について、早くから提言していた人物です。いや、提言というより注文ないしはアドバイス、あるいは命令と表現した方が適切かもしれません。彼らの提言によって、安倍政権が集団的自衛権の容認に動いたことは明白だからです。

アーミテージ以外に、「ドナルド・ラムズフェルド」の名前もありました。やはり息子のブッシュ政権時代の国防長官です。イラク攻撃を中心になって推進し、イラクの大混乱を

招いた責任者の一人。アメリカ軍がイラクのフセイン政権を打倒した後、イラク国内は内戦状態になりました。

ラムズフェルド長官は、イラク攻撃の計画立案に当たって、多数の兵士が必要だと進言した陸軍長官を更迭《こうてつ》。精鋭部隊だけで攻撃するという手法を選択した結果、戦後の治安維持ができなくなり、本人までが更迭されてしまいました。その人物に勲章を与える！　これが日本なのですね。

そういえば、太平洋戦争中、東京大空襲で一晩に10万人の一般市民を殺害する結果になる計画を立てたアメリカ空軍のカーチス・ルメイは、戦後、航空自衛隊の育成に尽力したという理由で、１９６４年、やはり旭日大綬章を授与されています。

日米関係とは、こういうものなのだ、ということを改めて思い知らされます。

とはいえ、日本のことは日本人自らが決めること。２０１５年夏の国会内外での論戦は、日本の防衛とはどうあるべきか、憲法をどう扱うべきか、私たちが深く考える機会を与えてくれました。

ただし、その論戦は、集団的自衛権が認められるかどうかという憲法論議と、日本の防衛はどうあるべきかという安全保障論議とが同時に展開されたため、一般の人たちに極めて理解しにくいものとなりました。

内閣の説明は十分ではないという批判に対して、安倍晋三総理は、「丁寧に説明していく」と繰り返すばかりで、お気に入りのテレビ番組だけに出演。厳しい質問を受けることなく、やり過ごしました。

また、安保関連法案の審議中、衆議院での説明と参議院での説明が食い違うという前代未聞の出来事も頻発《ひんぱつ》しました。日本の安全について、自らが考え抜いていれば、起きるはずのないことだったと思うのですが。

さらに、国内メディアの見解が大きく分かれたのも、近年にない傾向でした。

安保関連法案賛成の新聞社は、社説ばかりでなく、他の紙面でも賛成派の意見しか掲載しないという極端な方針を取りました。

一方、反対の論陣を張った新聞も、賛成意見をほとんど掲載しませんでした。

その結果、どれか一紙だけを購読している読者は、全体が見えなくなるという結果に陥ってしまったようにも見えます。

そこで、この本では、論戦の嵐が去った現時点で、改めて論点を整理してみました。「日本は本当に戦争する国になるのか？」。漠然と不安を抱えるのではなく、きちんと向き合う。そのために、今後どのように考えればいいのか、あなたに、そのヒントが与えられたら光栄です。

2015年11月

ジャーナリスト・東京工業大学教授　池上　彰

『日本は本当に戦争する国になるのか？』❖目次

2章 「安保関連法」って、いったいなに？
――10の法律改正と一つの新法について

3章　「安保法制」と中国
——中国の脅威にどう対処するか

4章 「安保関連法」はアメリカの言いなり？
——国際社会での信頼について

5章 政治運動の新潮流が起きた
――若者による反対運動

6章 戦後の安全保障政策の大転換って、どういうこと？
――これからの自衛隊について

7章 「安保関連法」と「安保条約」との関係は？

――安保条約の誕生と変遷について

序章　賛成派と反対派、噛み合わなかった議論

◪賛成派と反対派、噛み合わなかった議論

安全保障関連法案が参議院本会議で可決、成立したのは、シルバーウィーク（秋の大型連休）に突入した2015年9月19日の午前2時過ぎでした。

今回の安保関連法をめぐる議論で一番大きな問題は、関連法に反対の人と賛成の人との間で、まったく議論が噛み合わなかったという点でしょう。賛成と反対で意見が大きく分かれましたが、それぞれの論点は少しずつ違っていました。

賛成の人が強調していたのは東アジア情勢の変化です。中国や北朝鮮などが日本にとって脅威《きょうい》になっている。それに対応して自衛隊の活動範囲を広げる必要があるのではないか。とりわけアメリカとの関係をさらに緊密化することで、アメリカが日本を助けてくれることになる。だからこの安保関連法は日本への攻撃に対する抑止力になるのだ、という考え方です。

「日本の安全保障」を考える議論としては、これはこれで一つ成り立ち得る考え方です。「安全保障」とは、外国からの侵略に対して、国家および国民の安全を保つこと。侵略されないように備えることも含んだ概念です。

日本の安全保障を第一に考え、対応策を採るべきだと主張する人たちにとっては、安保

関連法は憲法違反ではありません。

国の安全が確保されてこそ日本の平和も守られるのだから、そのための法律なら憲法違反ではないと言っています。

◪「東アジア情勢が緊迫している。だから……」という賛成派の論調

それでは、「安保関連法は憲法違反ではない」という立場の人の論調を、具体的に見てみましょう。

たとえば産経新聞はこう書いていました。

「野党は、安全保障が専門ではない憲法学者の『違憲論』を最後まで振りかざし、『戦争法案』や『徴兵制導入につながる』といったレッテル貼りを繰り返してきた」（9月21日付）

ここでは、安全保障問題の専門家ではない憲法学者が、憲法違反だと言っていること自体を否定的に捉えています。

でも、憲法学者の中に、安全保障問題の専門家ではない人はいくらでもいます。これは当たり前ですよね。憲法学者は、憲法論や法律論の見地から「今回の安保法案は憲法違反

だ」と言っているに過ぎません。「安保法案は憲法違反である」という判断を受けて、「それでも日本の安全を守るためには、この法案は絶対に必要である」と考えるのなら、そこから先をどうするかは政治家が考えるべきことです。安全保障問題の専門家ではない憲法学者が憲法違反だと言ったことに対して、それ自体を否定するような論調はおかしいのではないでしょうか。

憲法学者は憲法の専門家です。法案が憲法違反かどうかを論じることこそ、彼らの本来の仕事。今回、圧倒的多数の学者・識者が「安保法案は憲法違反だ」と言ったということは、やはり重く受け止めなければいけないでしょう。

つまり、憲法違反かどうかという議論に対して、①安全保障のためには集団的自衛権の行使は必要である、②しかし憲法に照らし合わせると違憲である、③それならば憲法を変える必要性について議論しよう、ということならば筋が通っています。しかし、今回、政府はある時期から、「憲法9条の改正」から「憲法の解釈を変えてしまおう」に手続きを変えてしまいました。

そもそも「集団的自衛権の行使が憲法の解釈として認められるのか、あるいは違反しているのか」という問題と「日本を取り巻く東アジア情勢が緊迫している。さあ、どうする

安保法案 学者アンケート

（出典：朝日新聞デジタル）

安全保障関連法案は合憲か、違憲か。朝日新聞は6月下旬、憲法学者ら209人にアンケートをしました。回答が得られた122人のうち実名で回答したのは85人。（回答は6月30日付）

（　　）内は実名回答者数

質問1　現在、国会で審議中の「存立危機事態」における集団的自衛権の行使を可能にする安全保障関連法案は、憲法違反にあたると考えますか、憲法違反にはあたらないと考えますか。

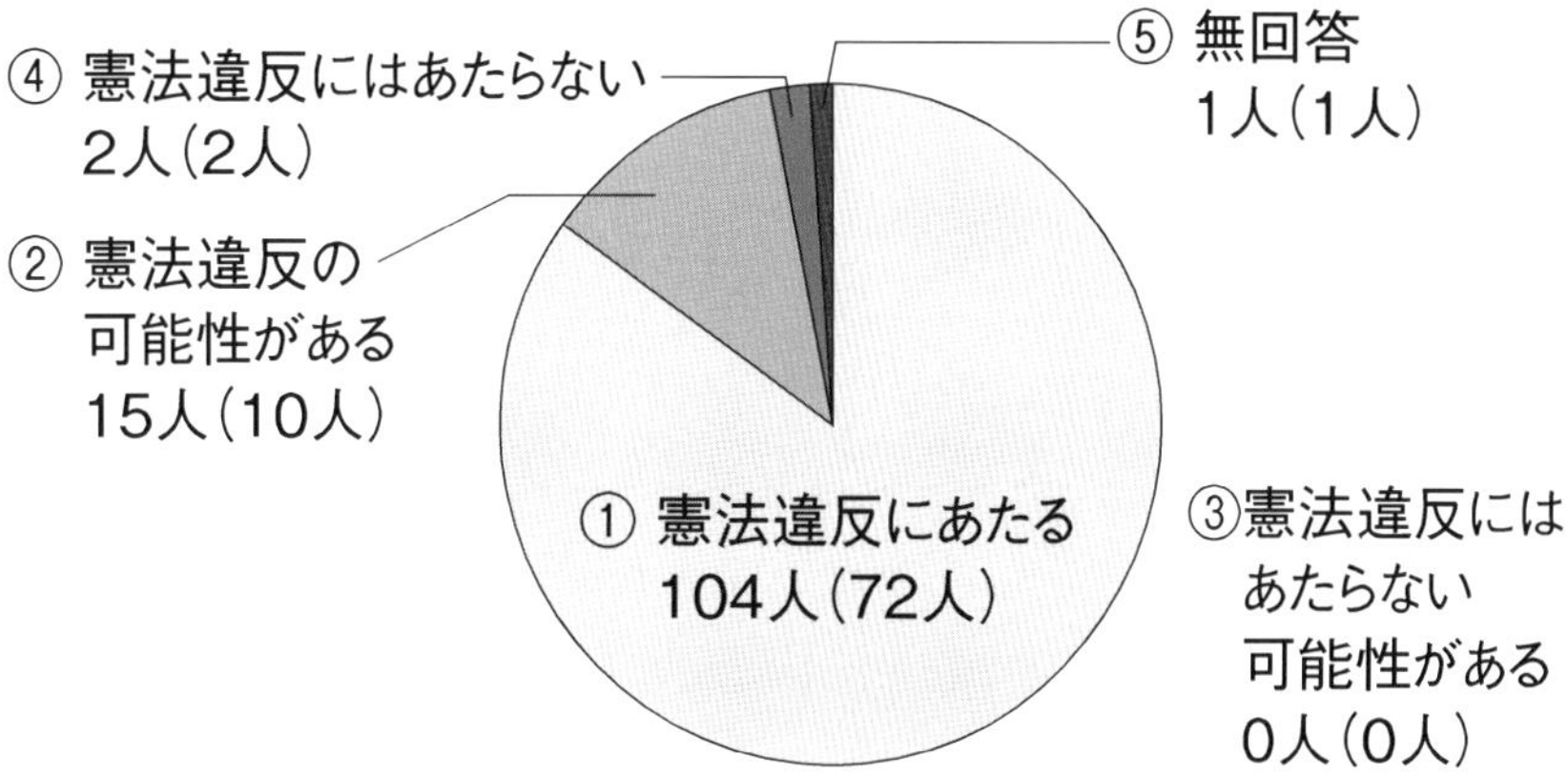

質問2　この法案に先だって、集団的自衛権の行使を可能にする昨年7月1日の安倍内閣の閣議決定について、どのように考えますか。

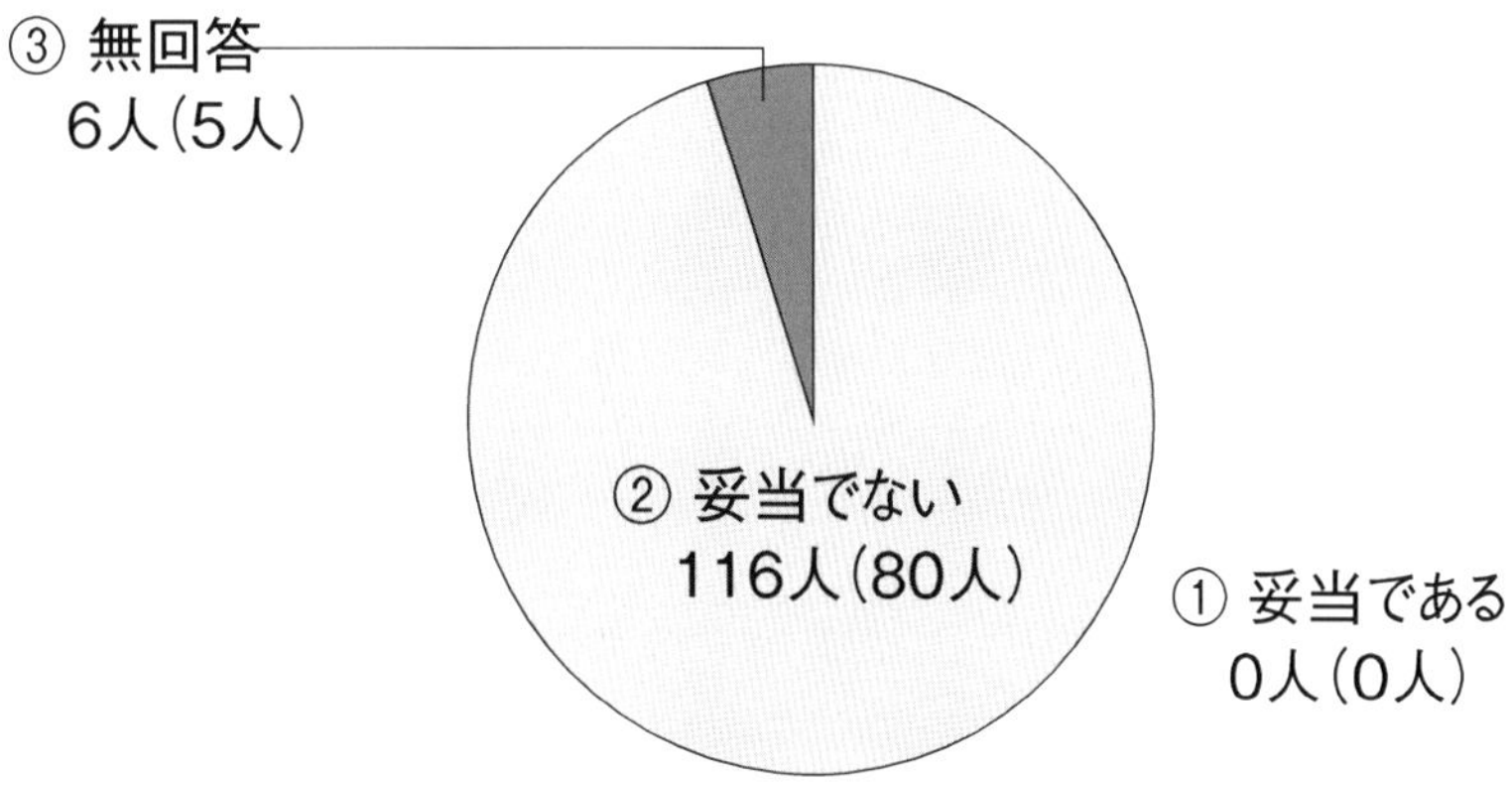

のか」という問題は、切り離して別々に考えるべき問題です。東アジア情勢が緊迫しているから、憲法9条の解釈を変えましょうというのは、ちょっとおかしい。

東アジア情勢が大きく変わってきて日本にとって脅威が増している。だからアメリカとの関係をさらに強化しなければいけない、というのであれば、「では憲法を変えましょう」という方向へ話を進めるべきなのです。

これまで、歴代内閣は集団的自衛権の行使は認められないと判断してきました。自衛権には2種類あります。一つは、自国が攻撃された際、防衛のために反撃できる「個別的自衛権」、もう一つは、自国が攻撃されていなくても、同盟国など自国と密接な関係にある国が攻撃されたときに共同で反撃できる「集団的自衛権」です。個別的自衛権は日本も行使できます。一方、集団的自衛権は国連憲章で加盟国に認められていますが、日本では1972年や1981年の政府見解で、権利はあるけれども「現憲法の下では行使はできない」と解釈してきました。

今回、集団的自衛権を認めるべきだと言っている人たちの中には、憲法改正はすぐにできそうにないから、それなら解釈を変えてしまおうという、御都合主義的な発想に走った人たちがいたのです。

自衛権には２種類ある

個別的自衛権

自国が攻撃されたとき、防衛のために反撃できる権利。
個別的自衛権は、日本国憲法のもと、
日本も行使できる。

集団的自衛権

自国が攻撃されていなくても、
同盟国など自国と密接な関係にある国が
攻撃されたときに共同で反撃できる権利。
日本では、これまで政府見解で
「現憲法の下では行使はできない」と解釈してきた。

憲法学者から批判が出たのは「**憲法改正**＊には、まず国民の理解を得たうえで、国民投票を経るなどの手続きを要し、かなりの労力と時間がかかるのは確かだ。しかし、解釈を変えるだけなら、政府の判断だけで憲法を変えてしまうに等しく、民主主義国にあるまじきことである」という点です。本来、憲法の解釈については、歴代内閣の政府見解で基本的な歯止めがかかっていました。それを変えるということ自体、手順として間違いでしょう。

＊＝日本国憲法は第96条で憲法改正の手続きを定めている。衆参両院の総議員の3分の2以上の賛成で国会が発議して国民に提案し、国民投票で過半数の賛成を得なければならない。

東アジア情勢が緊迫し、日本にとっての危機が高まっているというのであれば、それを国民に訴え、「憲法改正が必要だ」と粘り強く言うべきだったのに、政府はそういう道を選びませんでした。解釈を変えることで手っ取り早く何とかしてしまおうという焦りが、安倍内閣にはあったのではないかと思われます。

◢安保法案には反対！　でも、日本を取り巻く情勢はどうするのか？

一方、「安保法案は憲法違反だ」と言う反対派の人たちも、「では、今の東アジア情勢についてはどうするのか」という議論については、はっきりしません。「憲法違反だ」と言うだけで、その先の議論に進めないという点で、賛成派から不満が出てくるのだろうと思います。

「安保法案は憲法違反である」という前提から出発して、「憲法違反だから憲法を変えよう」と言うのか、それとも「今の憲法を守って集団的自衛権の行使は認めない」とするのか。後者の場合、さらに一歩踏み込んで、日本を取り巻く情勢についてはどうするのか。これまで通りの対応でいいのか、もし対応を変えるとしたら、具体的にどうしたらいいのか。そういったことを、きちんと議論する必要があったのではないでしょうか。

実は、安倍内閣がこれまで「集団的自衛権を行使できるケース」として例示してきたものを検討すると、限りなく個別的自衛権に近いのです。個別的自衛権で対応できるではないかと思われるものが実は非常に多い。となると、あえて集団的自衛権を行使する必要はないのではないかという疑問が出てきます。結局、政府の説明が非常に曖昧《あいまい》で、多くの国

改憲論議の行方

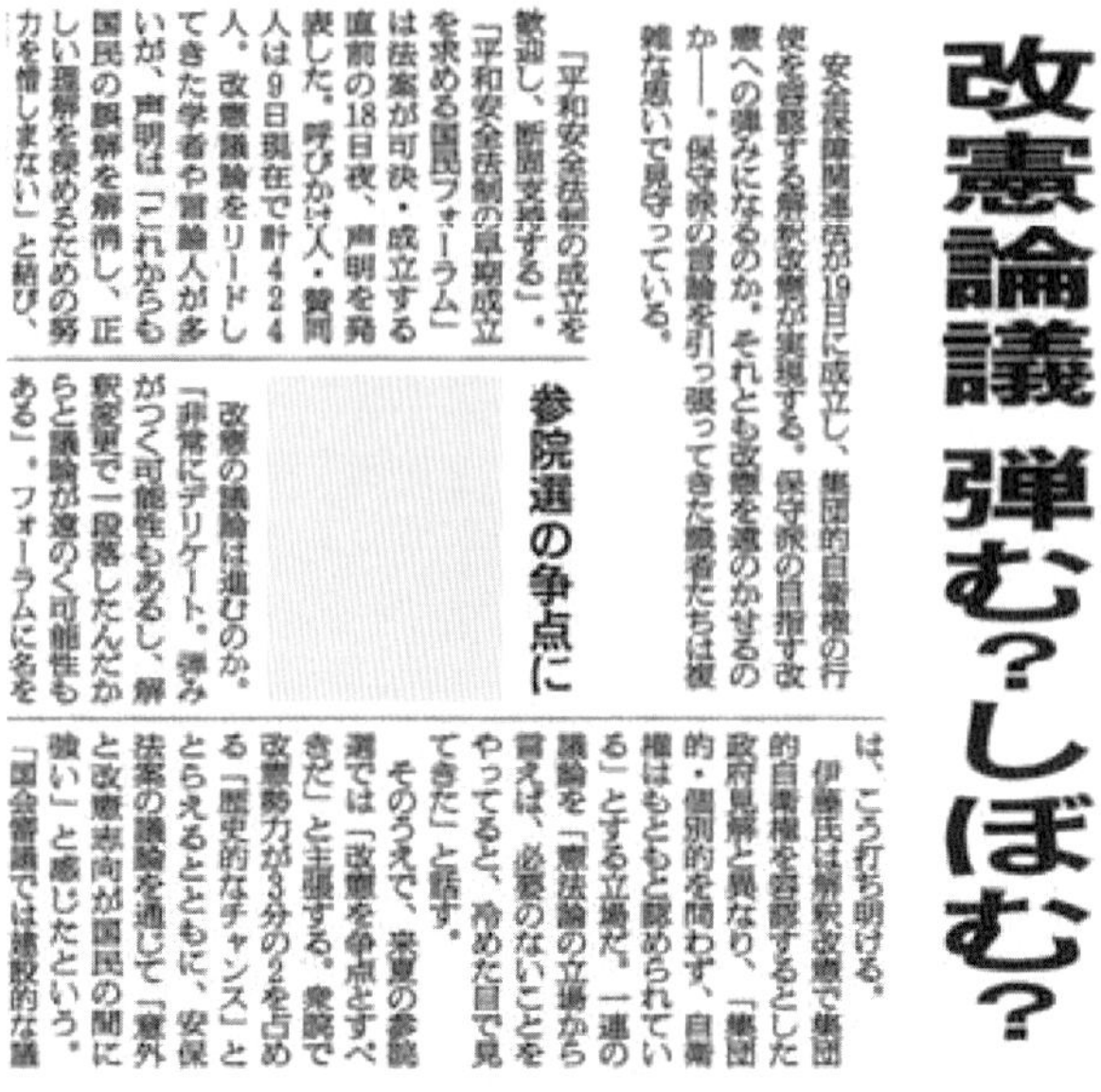

改憲論議 弾む？しぼむ？

安全保障関連法が19日に成立し、集団的自衛権の行使を容認する解釈改憲が実現する。保守派の目指す改憲への弾みになるのか。それとも改憲を遠のかせるのか――。保守派の言論を引っ張ってきた識者たちは複雑な思いで見守っている。

「平和安全法制の成立を歓迎し、断固支持する」。「平和安全法制の早期成立を求める国民フォーラム」は法案が可決・成立する直前の18日夜、声明を発表した。呼びかけ人・賛同人は9日現在で計424人。改憲議論をリードしてきた学者や言論人が多いが、声明は「これからも国民の誤解を解消し、正しい理解を深めるための努力を惜しまない」と結び、

参院選の争点に

改憲の議論は進むのか。「非常にデリケート。弾みがつく可能性もあるし、解釈変更で一段落したんだからと議論が遠のく可能性もある」。フォーラムに名を

は、こう打ち明ける。

伊藤氏は解釈改憲で集団的自衛権を容認するとした政府見解と異なり、「集団的・個別的を問わず、自衛権はもともと認められている」とする立場だ。一連の議論を「憲法論の立場から言えば、必要のないことをやってると、冷めた目で見てきた」と話す。

そのうえで、来夏の参院選では「改憲を争点とすべきだ」と主張する。衆院で改憲勢力が3分の2を占める「歴史的なチャンス」ととらえるとともに、安保法案の議論を通じて「意外と改憲志向が国民の間に強い」と感じたという。「国会審議では建設的な議

朝日新聞2015年9月23日（一部改変）

民がよくわからないということになってしまいました。

きちんとすべき憲法論議をかえって遠ざけた

今回のことでもう一つ大きな問題は、憲法をめぐる国民的議論をかえって遠ざけてしまったように見えることです。

自民党はすでに憲法改正草案を発表し、安倍首相も憲法改正を悲願としていますが、憲法9条の条文を変えなくても、憲法解釈を変えたことでほとんど目的を達してしまいました。解釈変更によって実質的に憲法を変えたのと同じ効果が得られたということです。これを解釈改憲と言います。これ

だけやればもう十分だということで、憲法改正の動きはむしろ遠ざかるのではないか、という指摘が出ています。

法案成立の後、「改憲論議、弾む？　しぼむ？」という記事を載せた朝日新聞（9月23日付）は、「他国の脅威に備えるために9条改正が必要と考える現実派は、（法案の）成立で目的は果たせたと考えるはずだ」という中島岳志・北海道大准教授（政治学）の見方を伝えていました。

本来、日本の安全保障を考えたら、憲法論争をもっとちゃんとすべきなのに、強引な手段で解釈改憲をした結果、「もう憲法論議はしなくていいよね」ということになってしまうかもしれない。不思議な結果が生まれているということです。

◪首相が野次《やじ》る、前代未聞

国会審議では、安倍首相の野次にもびっくりさせられました。総理大臣が質問者を野次る。こんなことは前代未聞です。

衆議院では辻元清美氏に「早く質問しろよ」と言い、参議院では蓮舫《れんほう》氏に「そんなこといいじゃないか」と言いました。2回とも民主党の女性議員に対してです。どちらの野次にも相手を見下した差別意識が見てとれます。

内閣提案の法案ですから、政府は国会に審議をお願いしている立場です。丁寧な答弁を心がけるべきなのに、安倍さんには「どうせ与党の賛成で通るんだ。とりあえず儀式として、ここで座って耐えなければいけないんだ」という気持ちがあったのでしょう。途中で我慢しきれなくなって、つい「早く質問しろよ」「そんなことといいじゃないか」と言ってしまったのでしょう。

明らかに、早く先へ行こうよ、という気持ちがあった。こんな儀式のようなことをいつまでも続ける必要はないというのが、安倍さんの本音だったのだと思います。

総理大臣の品位を大きく汚す行為でした。

◪二世、三世議員の引け目と思い

安倍首相が憲法学者の批判や国民の強い反対を押し切ってまで安保関連法の成立に力を入れたのはなぜでしょうか。次にそれを考えてみましょう。

そこには祖父への強い思いというものがあったはずです。一般に二世、三世の議員には、自分は本当に実力で議員になったのかという引け目のようなものがあるものです。彼らは父親を超えるということに対する意識がとても強いのです。「父親と同じ名字だから当選できた」「親の七光りで当選できた」と有権者に見られているのではないかという屈折した思いがあるため、父親が達成できなかったことを達成して初めて、自分は実力があるんだということが確認できるわけです。

その典型がブッシュ大統領の息子です。**パパ・ブッシュ**[*]は湾岸戦争（１９９１年）で、クウェートを占領したイラク軍をクウェートから追い出しました。この時の国連決議は、イラク軍にクウェートからの撤退を要求していただけです。ところが、当時アメリカ国内には、イラク軍を撤退させた後、イラクのフセイン政権を倒したらどうかという議論があったのです。押せ押せムードで一気に中東の鼻つまみ者を叩いてしまえということだったのですが、それをやると国連決議に反してしまいます。さらに、重大な問題も起きる恐れがありました。

＊＝ジョージ・Ｈ・Ｗ・ブッシュ。第41代のアメリカ大統領。在任１９８９～１９９３。共和党。レーガン政権では２期８年、副大統領を務めた。１９８９年12月の米ソ首脳会談でゴルバチョフ共産党書記長とともに冷戦の終結を宣言した。

フセイン政権を倒せば中東地域に権力の空白が生まれ、周辺諸国がどんな動きをするかわかりません。またイラクは独裁国家で、国内では国民を弾圧していましたが、国内のアラブ人とクルド人の対立やイスラム教スンニ派とシーア派の対立を力で抑え込んで一定の秩序を保っていました。重しの役目を果たしているフセイン政権が倒れたら、民族対立、宗派対立が激しくなり、手の付けられない大混乱に陥ることが予想されました。冷静なパパ・ブッシュはそのことがわかっていたので、国連決議に従い、イラク軍を撤退させたところで攻撃をやめたのです。

ところが、**息子のブッシュ***は中東の複雑な事情などわかりません。「パパはフセイン政権を倒すことができなかった。パパができなかったことをやろう」と、こういう発想で突っ走ったのです。

＊＝ジョージ・W・ブッシュ。第43代のアメリカ大統領。H・W・ブッシュの長男。在任2001～2009。共和党。就任の年の9・11米同時多発テロを受けてアフガニスタンを攻撃。イラク、イラン、北朝鮮を「悪の枢軸」と呼び、2003年には米・英・オーストラリアなどの有志連合でイラクに侵攻した。

もう一つ、決定的なことがあります。湾岸戦争の後、クウェートから撤退させられたフセイン大統領が、パパ・ブッシュの暗殺計画を立てたのです。これは事前に発覚して未遂に終わりましたが、息子は激怒しました。「パパを殺そうとした奴は許せない」と。そこでフセイン政権が**大量破壊兵器***を隠し持っているという言いがかりをつけて、イラク攻撃を強行しました。いざ攻撃してみたら、いくら探しても大量破壊兵器は出てきませんでした。話が違うと批判されると、「イラクを民主化するために攻撃したんだ」と攻撃の目的を後から変えてしまいました。要するに、フセイン政権を倒したかっただけなのです。

＊＝核兵器、毒ガスなどの化学兵器、細菌やウイルスを用いた生物兵器などの総称。いったん使用されると殺傷能力が高く、被害が広範囲に及ぶ可能性が高い。

その結果がイラク戦争の泥沼化、そしてイラク国内の大混乱でした。その混乱の中から生まれてきたのが自称「イスラム国」です。現在、中東地域は手の付けられない混乱の中にあります。世界各地でテロが発生し、ヨーロッパへは難民が押し寄せています。息子のブッシュがパパを超えたいとの思いでイラクを攻撃したこと、すべてはそこから始まったのです。

◪祖父の願望を実現しようとした孫

翻《ひるがえ》って日本ではどうでしょうか。安倍首相のお父さん、安倍晋太郎《しんたろう》氏（1924〜91）は外務大臣を長く務め、総理大臣の一歩手前まで行きました。間違いなく次の総理大臣になるだろうというところで病に倒れ、涙を呑みました。第一次内閣で安倍首相は総理大臣になることによってお父さんができなかったことを成し遂げました。この時、父親を乗り越えています。

しかし、その上にさらに偉大な祖父がいました。岸信介《きしのぶすけ》（1896〜1987）です。日米安保条約を改定した偉大な祖父がいて、なおかつ彼はおじいちゃん子で、祖父の膝《ひざ》の上で育てられたという特別な思いがあります。60年安保のとき、国会周辺にはものすごい数のデモ隊が押し寄せ、総理官邸も取り囲まれてしまいました。警察から「身の安全を保証できません」とまで言われた岸首相は、弟の佐藤栄作（1901〜75）に「いざとなれば、兄弟一緒にここで死のう」と言ったそうです。死を覚悟したのです。その話を孫は聞いていました。

安倍首相が総理になる前に出した『美しい国へ』（文春新書）にこんなくだりがあります。

「子どもだったわたしたちには、遠くからのデモ隊の声が、どこか祭りの囃子《はやし》のように聞こえたものだ。祖父や父を前に、ふざけて『アンポ、ハンタイ、アンポ、ハンタイ』と足踏みすると、父や母は『アンポ、サンセイ、といいなさい』と、冗談まじりにたしなめた。祖父は、それをニコニコしながら、愉快そうに見ているだけだった」

これはよくわかります。当時は私も小学生でしたから。みんなで腕を組んで「アンポ、ハンタイ」と言いながら歩き回る「アンポハンタイごっこ」が流行ったのです。意味もわからないまま、私も真似して遊んでいました。

歴史に名を残した偉大なる祖父への思い。あの時、岸首相が猛烈な反対を押し切って日米安保条約を改正し、それによって戦後日本の安全が確保されたのだという思いが安倍さんにはあります。だから、「たとえどんなに反対されても、絶対にやり抜くんだ。いつか必ず国民に理解してもらえる」と安倍さんは考えたのでしょう。世論調査で法案に反対が圧倒的に多くても、国会前や各地のデモがいくら激しくなっても、もうそんなことにはお構いなしに突っ走ったということです。

法案成立の翌日、安倍首相は日本テレビの番組でインタビューを受けて、祖父は身の安全を保証できないとまで言われたけれども、今回はそういう状況になっていないので、「平常心で成立を待っていた」と答えています。明らかに祖父を意識していました。

◪集団的自衛権についても祖父の考えを受け継ぐ

祖父と孫、この二人は国民の反対をものともせずに新安保条約や安保関連法を成立させたという点で共通性があります。しかも、共通しているのはそれだけではありません。集団的自衛権についての考え方もまったく一緒でした。

朝日新聞政治部取材班の『安倍政権の裏の顔』（講談社）によると、岸内閣のとき、自衛権がどこまで認められるのかという国会論戦があり、岸首相は「憲法は自衛隊が外国まで出かけて、その国を守る典型的な例は禁止しているが、集団的自衛権はそういうものだけではない」と答弁していました。

国会の議事録で確認すると、該当箇所はこうなっています。

「集団的自衛権という内容が最も典型的なものは、他国に行ってこれを守るということでございますけれども、それに尽きるものではないとわれわれは考えておるのであります。

そういう意味において一切の集団的自衛権を持たない、こう憲法上持たないということは私は言い過ぎだと、かように考えております。しかしながら、その問題になる他国に行って日本が防衛するということは、これは持てない」（参議院予算委員会1960年3月31日）

憲法上、集団的自衛権は一切行使できないと考えるのは行き過ぎで、限定的、部分的な行使ならできるという考え方です。

この考え方をそのまま受け継いだのが安倍首相です。国会の答弁や記者会見では、

「かつての湾岸戦争やイラク戦争での戦闘に参加するようなことは決してない」

「海外派兵は一般に許されないという従来からの原則は全く変わらない」

「他国の領土に戦闘行動を目的に自衛隊を上陸させて武力行使をさせる、あるいは領海・領空においてそういう活動をすることはない」

などと述べていました。

集団的自衛権の「典型的な例」は、他国に行ってその国を守ったり、海外の領土で武力行使をしたりすることですが、そういうことはしないと安倍首相は明言しています。ただし、限定的な行使、必要最小限度の行使ならできると言うのです。これはどういうことで

しょうか。

◪集団的自衛権の限定的行使、必要最小限度の行使とは？

自衛権を個別的と集団的とに分けたとき、内容的にはそれぞれ別のものだとされています。個別的自衛権は日本を守るためのもの、集団的自衛権は日本と仲のいい他国を守るためのもの。わかりやすく言えばそうなります。

集団的自衛権は日本と仲のいい国を守るためのものですが、日本と仲のいい国を守ることが、結局は日本を守ることにつながるのだ、だからその限りで集団的自衛権を行使することは許されるのだ。こういう論理を立てたのです。

日本を守ることにつながるという、その限りにおいて、日本と仲のいい他国を守ることは許される。これが今回の安倍首相の基本的な判断です。それは祖父・岸首相の判断、答弁をそのまま引き継いだものです。より正確に言えば、引き継いで発展させた考え方だということになるでしょう。

岸首相は、この限定的な行使容認論を政府の方針として確立する前に退陣に追い込まれました。

岸内閣としての究極の目標は憲法改正でした。憲法9条を改正して国防軍を持つことが究極の目標でしたが、その前の段階、つまり現憲法の下でも、集団的自衛権として部分的に行使できるものはあるはずだというのが岸首相の考え方でした。

歴代の内閣法制局が、集団的自衛権の行使は一切認められないと言い出したのは、岸内閣よりも後のことです。有名なのが1972年の田中角栄内閣時代に国会に示された次の見解です。

「わが憲法の下で武力行使を行うことが許されるのは、わが国に対する急迫、不正の侵害に対処する場合に限られるのであって、したがって、他国に加えられた武力攻撃を阻止することをその内容とするいわゆる集団的自衛権の行使は、憲法上許されないといわざるを得ない」（参議院決算委員会提出、1972年10月14日）

以来、内閣法制局は一貫して集団的自衛権は行使できないと言ってきました。安倍首相としては、それが許せないわけです。おじいさんは一部認めていたのに、なぜ全否定するんだ、おかしいじゃないか、と。だから何としても認めさせたいという思いがある。

とうとう念願かなって安保関連法が成立した直後、おじいさんのお墓参りに行きました。きっと「おじいさんの無念を晴らしました」と報告したのではないでしょうか。

◪60年安保とは、何だったのか？

今回の一連の動きを見ていて、私は「60年安保のデジャヴ（既視感）」ということを何度も感じました。そこで、60年安保について少し振り返ってみましょう。

60年安保では、33万人（警視庁発表で13万人、6月18日）の学生や労働者、市民が国会議事堂を取り巻きました。ものすごい人数です。今回のデモとは比較になりません。上空からの写真を見ると、国会議事堂周辺を大群衆が埋め尽くしているのがわかります。

反対運動が激しくなるにつれて、警察の警備が追いつかなくなりました。何しろ集まってくる人の数が多すぎました。想定を超えたのです。当時、警視庁の機動隊はまだ規模が小さく、装備も貧弱でした。警棒があるくらいで、大きな盾はなく、ヘルメットも顔を守る透明なプラスチック製の板が付いていませんでした。防御力が弱いため、デモ隊の投石を受けると負傷者が続出しました。

毎晩のように何十人、何百人と警官が負傷して病院に運ばれる事態となります。当然、人数が足りなくなりますね。やむを得ず機動隊は、国会の外側で警備するのをやめ、国会の敷地内で警備する作戦に切り替えます。国会の外のデモは手に負えないから放置して、デモ隊が国会内に入ってきたら排除することにしたのです。

抗議のデモ隊が国会議事堂を取り巻いた60年安保

左奥は国会議事堂＝1960年6月18日（写真:共同通信）

この状況を見て、学生たちはある作戦を立てました。それが国会への突入です。国会の門の外側に警官はいませんから、その気になれば突破できるだろうと考えたわけです。ただし、中では機動隊が待ち構えています。

6月15日、全学連（全日本学生自治会総連合）の学生、特に東京大学や明治大学、中央大学の学生が先頭を切って、国会の南通用門から構内へ突入をはかりました。

学生たちは体当たりを繰り返して門を突破し、中になだれ込んで大乱闘となります。この混乱の中で東大生の樺《かんば》美智子さんが死亡しました。

樺さんは東京大学文学部の4年生でした。

彼女は午前中、ちゃんと大学のゼミに出ています。午後からデモに行って悲劇的な死を遂げたのです。

機動隊がなぜデモ隊の国会突入を許したのか、今の私たちの感覚では不思議に思うかもしれません。

これはやはり時代が違って、装備が手薄だっただけでなく、人数も少なかったからです。今は第9機動隊プラス特科車両隊までありますが、その頃は第4機動隊までしかありませんでした。

女子学生の死で安保反対デモはさらに激しくなり、焦った岸首相は自衛隊の出動を考えました。

治安出動と言って、総理大臣は治安維持のために自衛隊に出動を命じることができます。練馬に陸上自衛隊の駐屯地があり、そこに2万人の自衛隊員が待機していました。

岸首相は赤城宗徳《あかぎむねのり》防衛庁長官を呼んで、こう言います。

「自衛隊を出せ」

要請を受けた赤城長官は、きっぱりと断りました。

「自衛隊は他国の軍隊と戦う訓練は受けているけれども、群衆のデモを鎮圧する訓練は受けていない。自衛隊が出て行って、もしも発砲するようなことがあれば、デモ隊に死者が出るかもしれない。自衛隊が同胞の日本国民を殺すことになったら、もうおしまいですよ」

こういう意味のことを言って岸さんを止めたのです。

岸首相は本気で治安出動を考えていました。この時、自衛隊を出していたら、日本の歴史は大きく変わっていたでしょう。自衛隊としては、デモを鎮圧するには最後は武器を使うしかありません。そうなったら犠牲者が大勢出て、日本はどうなっていたかわかりません。

機動隊がその後、装備を大幅に強化したのは、この時の教訓があるからです。

◪60年安保は、安保条約に反対していたわけではない

当時、あれだけ大勢の人が「安保反対」を叫んだわけですが、彼らが本当に安保条約に反対していたかというと、実は必ずしもそうではありません。衆議院で自民党が強行採決をするまでは、反対運動は大きく盛り上がっていたわけではありません。状況が一変したのは5月になってからです。

そもそもの始まりは、岸首相が1月にアメリカへ行って新安保条約に調印したことでし

た。でも、調印しただけでは効力を発しません。調印した人たちがそれぞれの国で議会に諮《はか》って、それぞれの議会がその条約を「いいですよ」と言って初めて効力を持ちます。この「いいですよ」という手続きのことを批准《ひじゅん》と言います。

ですから日本も国会が批准しようとしました。その段階では、当時の総評という労働組合と社会党、共産党が反対運動をしていたものの、国民的な盛り上がりには欠けていました。

政府は6月19日にはアメリカの**アイゼンハワー大統領***を日本に招く予定でした。日本では、それまでに条約を批准して、「はい、これで日本も批准いたしました」と言ってアイゼンハワー大統領を迎えるという予定が最初から決まっていました。

そこで6月19日までに批准を終えるには、どんなに遅くても5月19日には衆議院を通す必要がありました。

＊＝第34代のアメリカ大統領。在任1953～1961。軍人出身。共和党。第二次世界大戦で連合国軍最高司令官としてノルマンディー上陸作戦を総指揮し、ドイツ占領下の北フランスを解放した。戦後はNATO軍最高司令官も務める。

国会ではまず衆議院で審議し、次に参議院で審議します。ただ、条約の批准に関しては予算と同じで、衆議院で決めた後、参議院が30日以内に採決しなければ、衆議院の議決が優先されることになっています。これは「衆議院の優越」と言って、憲法でそう決まっています。

政府・自民党は最悪の場合に備えて、5月19日までに衆議院で採決することにしました。当時、衆議院では自民党が3分の2弱の議席を持ち、野党第一党は社会党でした。公明党はまだなく、社会党から分かれた民社党が少々、共産党は一人だけです。共産党は1950年代前半に武装闘争路線を採っていたために国民の反発を受け、勢力が激減していました。反対勢力の中心は社会党です。

5月19日になると、自民党は深夜になってから、まず安保特別委で強行採決を行います。続いて本会議を開催し、日付をまたいで20日未明、再び強行採決して新安保条約を承認しました。

社会党の議員と秘書団は本会議の開催を阻止しようと座り込んでいましたが、政府は500人の警官隊を導入して次々に排除し、自民党単独で採決したのです。

この様子が報道されると大騒ぎになりました。警官隊まで導入して反対勢力を追い出し、与党だけで採決してしまった。これは民主主義の危機ではないかと多くの国民が心配して、ここから反対運動が盛り上がるのです。

60年安保で国会を取り巻いている大群衆の写真は、全部が衆議院で採決した後のものです。岸内閣にしてみれば、衆議院で可決してしまえば、参議院は休会にして審議を省いても痛くもかゆくもない。30日経てば自動的に条約は承認されるのですから。でも、当時の多くの国民は納得できなかったのです。

◪60年安保のデジャヴ

今回の安保関連法案の反対運動も、最初のうちは盛り上がりを欠きました。激しくなったのは強行採決の後ですよね。学生団体の「ＳＥＡＬＤｓ（シールズ）」をはじめ、いろいろな団体が出てきて盛り上がったのは、衆議院で可決されてからです。

「これだけ多くの国民が反対しているのに、国会議員だけで決めていいのか」

「民主主義って何だ」

という声が湧き上がりました。60年安保の時とよく似ています。私がデジャヴを覚えたのはそのせいです。

さらに言えば、安倍さんがなぜ採決を急いだかというと、4月末にアメリカの議会で「夏までに必ず成立させる」と約束したからです。それで急いでいました。これもアメリカ大統領の訪日に間に合わせようとした岸さんのケースとそっくりです。

60年安保では、条約は承認されたものの、大混乱になったためアイゼンハワー大統領は日本に来られませんでした。「とても警備できません」と言って訪日を断ったのです。あまりにも反対運動が大きくて大統領を迎える態勢が取れなかった。日本政府は大恥をかいてしまい、その責任を取って岸内閣は退陣しました。

本当は岸内閣は、新安保条約を成立させてアメリカとの関係を強め、次は集団的自衛権も認め、憲法改正もやろうという考えだったはずですが、予期せぬ退陣で途切れてしまいました。

岸内閣が退陣すると、次は池田勇人《はやと》内閣になり、池田内閣になった途端、世の中の雰囲気はガラリと変わります。政治の季節は去り、経済の季節となって、日本は高度経済成長へと突き進んでいきます。国民はもうすっかり政治に関心を失い、経済のことばかり考えるようになりました。

今、安倍さんが同じことを言っています。もう政治は一段落したから、これからはアベノミクスに専念する、と。

「アベノミクスを成功させ、経済を良くすれば、来るべき参議院選挙では国民は安保関連法をめぐる混乱のことなんか忘れて、選挙に勝てるはずだ。場合によっては衆参同時選挙をやれば、参議院でも3分の2を確保でき、そうなったらいよいよ憲法改正だ」

安倍さんが考えているのは、そういうことではないでしょうか。

1章

「安保法案」は「憲法違反」って、どういうこと？

——憲法解釈について

◪安保法案、世論の見方は？

安保法案についての世論調査は、「急ぐな」という声が圧倒的でした。たとえば、時事通信社が行った2015年6月の世論調査を見ると、「廃案」が12・0％、「今国会にこだわらず慎重に審議」が68・3％でした。報道ステーション・ANNの8月の世論調査も、「廃案にするべきだ」が22％、「いまの国会にこだわらず時間をかけて審議するべきだ」が64％と、だいたい8割の人が否定的な意見でした。

これに対して安倍首相は、集団的自衛権や安保法案に関しては、前回の衆議院選挙で国民に訴えて支持を得ているという言い方をしました。

では、2014年12月の総選挙の焦点は何だったでしょうか。「大義なき解散総選挙だ」という声が強い中で、安倍首相が訴えたのは消費税引き上げの延期です。

「本来なら消費税を8％から10％に引き上げるところを、経済状況が良くないので1年半延期したい。これは公約違反になるため国民の信を問いたい」

そう言って安倍さんは選挙をしたのです。

アベノミクスを進めるとして、「景気回復、この道しかない」という公約を前面に出しました。ところが、選挙が終わった途端、憲法改正も安保法制も公約の中に入っていた、だ

「安保法案」世論調査

時事通信社

問　安倍内閣が今国会で成立を目指す安保法案について

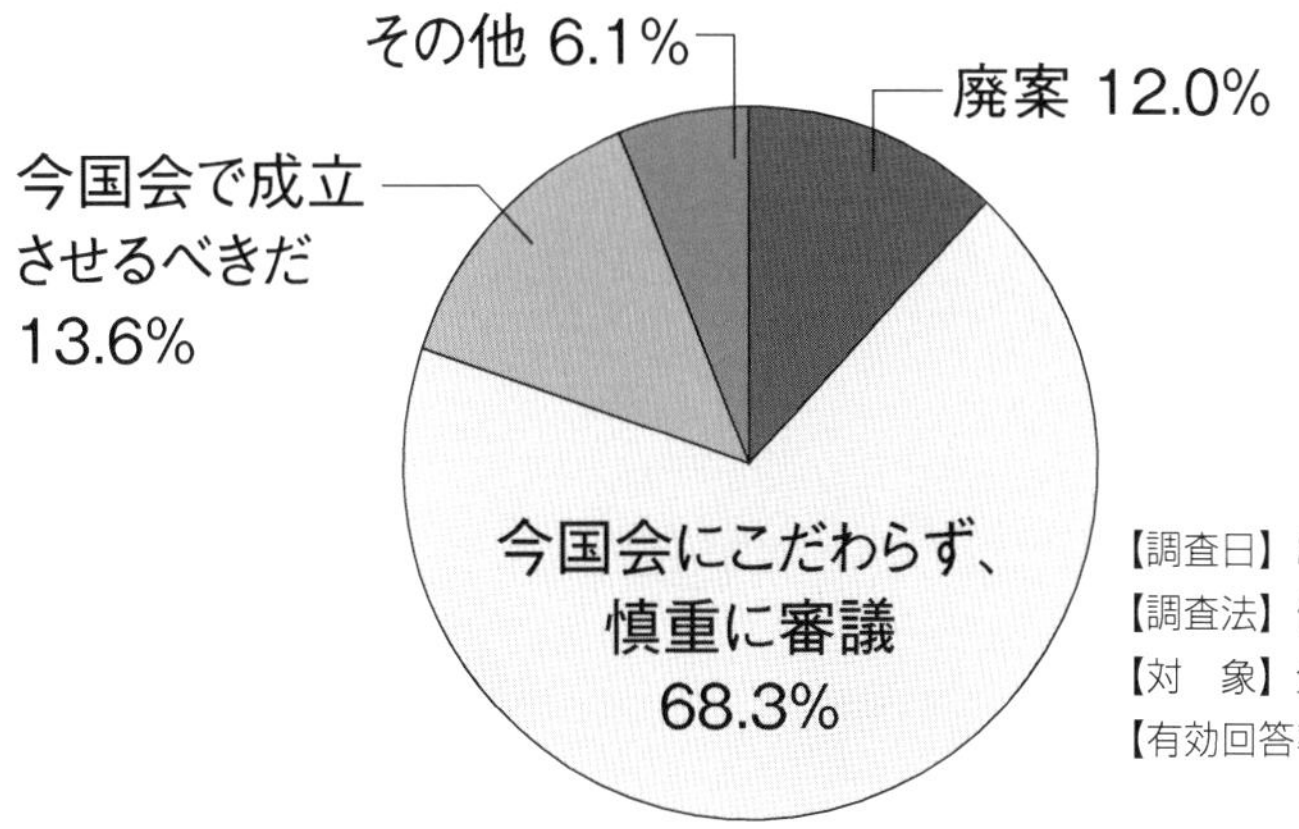

【調査日】2015年6月5日〜8日
【調査法】個別面談方式
【対　象】全国の成人男女2000人
【有効回答率】64.2%

報道ステーション

（テレビ朝日番組「報道ステーション」）

問　安倍内閣と与党は、この法案（安保法案）をいまの国会で成立させたい方針です。あなたは、この法案の国会での審議について、どのようにお考えですか？　次の3つから1つを選んでください。

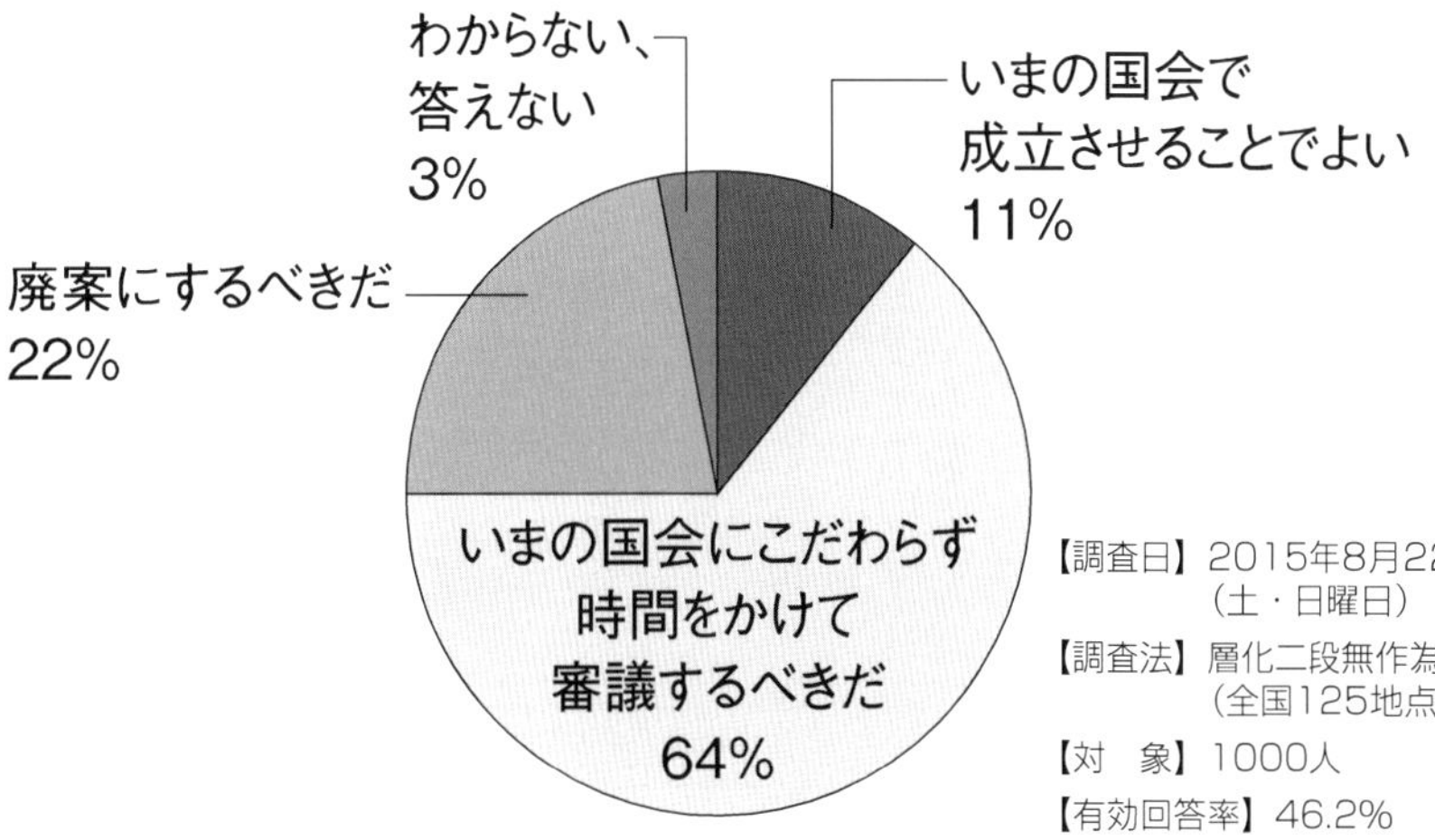

【調査日】2015年8月22・23日
（土・日曜日）
【調査法】層化二段無作為抽出
（全国125地点）
【対　象】1000人
【有効回答率】46.2%

から国民から認められたんだという言い方をする。まるで安保法制の信を問うために解散総選挙をしたような口ぶりです。

あの時は「消費税の引き上げを延期することにしたんだけど、いいですか」と国民に聞いたのです。痛みを伴う増税は誰だって嫌ですから、「延期していいですか」と聞いたらみんないいと言うに決まっています。

そういう選挙でした。ここからしてごまかしがあるということです。

◪9条改正が駄目なら96条改正で、それが駄目なら解釈変更で

根っからの憲法9条改正論者の安倍首相ですが、衆議院では与党で3分の2を取っていても、参議院ではまだそこまでいっていません。そこで当初は、憲法96条を改正しようと言い出しました。

再登板して第二次安倍政権ができた初めの頃、安倍さんは96条を改正するんだとしきりに言っていました。憲法を変えるには、衆議院と参議院のどちらも3分の2以上の賛成があって初めて憲法改正を発議し、国民投票で過半数の賛成を得られたら改正ができる仕組みになっています。

国民投票に関しては、憲法に規定はあるものの、それをどのようなやり方で実施するかについては、長い間法律がありませんでした。そもそも長い間、憲法改正は現実味がなかったので、法律を作る動きがなかったのです。そこで第一次安倍内閣のときに国民投票法を成立させました（２００７年）。

憲法には「過半数の賛成を必要とする」とあるだけで、この場合の過半数というのは有権者全体の過半数なのか、投票した人の過半数なのか、それとも有効投票の過半数なのかがはっきりしなかったのです。国民投票法ができて、有効投票総数の過半数とするとようやく決まりました。それが第一次安倍内閣です。そうやって安倍さんは着々と憲法改正のお膳立てをしてきました。

ところが、憲法改正はやはりハードルが高い。特に9条に関しては公明党がなかなかウンと言わない。ならばハードルを下げようということで、96条で3分の2以上の賛成でと決まっているから、これを改正して過半数の賛成で発議できるようにしようと考えたのです。

その際に「国民の60～70％が改正したいと思っても、国会議員の3分の1を少し超える人たちが反対すれば、指一本触れることができないのはおかしい」という理屈をつけました。

そうしたら、憲法改正論者の小林節《せつ》さん（当時は慶応大の教授で今は名誉教授）が「96条を変えるなんて裏口入学のようなものだ」と痛烈に批判しました。

「改憲するなら、9条を変えるということを、正面から堂々とやるべきだ。96条改正でハードルを下げて、それで9条改正をやろうなんて姑息である」

こう言ったのです。これがこたえたのですね。小林さんが批判してから、安倍さんは96条の話を言わなくなりました。それまでは事あるごとに96条を変えると言っていたのに。

傑作だったのは、長嶋茂雄、松井秀喜両氏の国民栄誉賞授与式です。長嶋さんに国民栄誉賞をという話になったとき、政府は愛弟子の松井選手も一緒に、二人そろって授与しました。その授与式と記念の始球式を東京ドームで行っています。そこで安倍さんは、読売ジャイアンツのユニフォームを着て、背番号に「96」を付けて登場したのです。

後で記者が「憲法96条を変えようということですね」と聞いたら、「いえ、私は第96代の総理大臣です」と答えていました。

これはうまいなと思いましたね。96代総理大臣なので「96」という背番号を背負っているんです、と。どこかに知恵者がいて、96代と96条が引っ掛けられると思ったのでしょう。

そのぐらい96条改正にこだわっていたのに、急に口をつぐんでしまいました。

次に出てきたのが、憲法解釈を変えるという話です。「これができないならこっちを」ということを2回もやっています。最初は9条を変えずに96条を変えようとして、それが駄目なら「じゃあ、解釈を変えよう」となった。そして、どう変えるかというところで、「おじいさんが、集団的自衛権は全部否定されるものではないと言っているではないか。これを使えばいい」と考えたのでしょう。

集団的自衛権の全面的な行使はさすがに認められないけれども、限定的な行使なら問題はないだろうという方針がここから出てきました。

◪戦争放棄の憲法の下で自衛権は認められるのか？

では、集団的自衛権の行使はなぜ憲法違反なのでしょうか。安倍首相とは違って、歴代内閣と内閣法制局は、１９７２年の見解から数えても40年以上、集団的自衛権の行使を違憲だと言ってきました。

この判断が固まる前、まだ戦後も間もない頃は、日本に自衛権があるのかどうか、はっきりしない時期がありました。**憲法９条**＊は戦争放棄を掲げています。戦争を放棄している国に、自衛権が認められるのかという議論があったのです。

これについては、憲法前文と憲法13条に照らして、憲法が自衛権を否定しているとは考えられないと政府は解釈しています。

前文には、

「われらは、全世界の国民が、ひとしく恐怖と欠乏から免かれ、平和のうちに生存する権利を有することを確認する」

とあり、13条には、

「生命、自由及び幸福追求に対する国民の権利については、公共の福祉に反しない限り、立法その他の国政の上で、最大の尊重を必要とする」

とあります。

もし日本が外国から攻められたら、国民の生命、自由、幸福追求の権利は脅かされ、日本人が平和的に生存することもできなくなります。だから日本の国を守るために戦うことは認められているんだ、9条で戦争は放棄したけれども、日本が攻められたときに反撃する個別的自衛権まで放棄したものでないことは、前文や13条を見れば明らかだ。こういう理屈になるのです。

「日本国憲法」前文より抜粋

　日本国民は、恒久の平和を念願し、人間相互の関係を支配する崇高な理想を深く自覚するのであつて、平和を愛する諸国民の公正と信義に信頼して、われらの安全と生存を保持しようと決意した。われらは、平和を維持し、専制と隷従、圧迫と偏狭を地上から永遠に除去しようと努めてゐる国際社会において、名誉ある地位を占めたいと思ふ。われらは、全世界の国民が、ひとしく恐怖と欠乏から免かれ、平和のうちに生存する権利を有することを確認する。

第13条

　すべて国民は、個人として尊重される。生命、自由及び幸福追求に対する国民の権利については、公共の福祉に反しない限り、立法その他の国政の上で、最大の尊重を必要とする。

つまり、外国から武力攻撃を受けて日本が滅びてしまったら、それこそ国民の自由も幸福追求の権利もなくなってしまいます。国が滅びることはあってはいけないし、滅びてもいいようなことを認めている憲法なんて、そもそもあり得ない。攻められたら反撃して戦うことは当然であり、そのために必要最小限度の「実力」を持つことは禁じられていない。これがこれまでの解釈です。

＊＝憲法9条は「陸海空軍その他の戦力」の保持を禁じているが、自衛隊は戦力には当たらず、戦力未満の実力組織だと政府は説明している。

◪集団的自衛権の行使はなぜ違憲なのか？

では集団的自衛権はどうかというと、これは国連憲章で認められています。日本が加盟している国際連合の憲章にはこう書かれています。

「この憲章のいかなる規定も、国際連合加盟国に対して武力攻撃が発生した場合には、安全保障理事会が国際の平和及び安全の維持に必要な措置をとるまでの間、個別的又は集団的自衛の固有の権利を害するものではない」（51条抜粋）

第9条

日本国民は、正義と秩序を基調とする国際平和を誠実に希求し、国権の発動たる戦争と、武力による威嚇又は武力の行使は、国際紛争を解決する手段としては、永久にこれを放棄する。

②　前項の目的を達するため、陸海空軍その他の戦力は、これを保持しない。国の交戦権は、これを認めない。

ということは、日本は国家として個別的自衛権並びに集団的自衛権を認められている。これは間違いありません。ところが日本の憲法9条は、国際紛争を解決する手段としては武力を行使しないと言っています。

たとえば、アメリカがどこかの国から武力攻撃を受けたとしましょう。この場合、アメリカが他国から攻撃を受けたことで、アメリカとその他国との間に国際紛争が発生したことになります。ここで日本がアメリカを守るために助けにいくと、日本にまったく関係ない国際紛争だったところに日本が出ていくことになるので、国際紛争を解決する手段としての武力行使になってしまう。だから憲法9条に反するというのが、これまでの内閣法制局の見解でした。

日本は国家としては個別的自衛権も集団的自衛権も持っています。そのうちの個別的自衛権は前文や13条があるから使えます。しかし、集団的自衛権に関しては、9条で国際紛争を解決する手段としては永久に放棄すると言っているから、これは使えない。よく「持っているけど使えない」という言い方をしていましたね。

権利として集団的自衛権は持っているが、憲法が行使を禁じていると解されるから、使えない。

これが長年にわたる内閣法制局の見解です。岸首相が「集団的自衛権は全部が全部使えないわけではない、部分的に使えるものもある」と答弁した時よりも後になって、この見解は作られました。

◪安倍首相が主張する限定的な集団的自衛権とは?

ところが、日本は日米安保条約を結んでいます。この条約には、日本が外国から攻められたらアメリカが助けてくれると書いてあります。その代わり、日本はアメリカ軍に基地を提供しています。もし、そのアメリカ軍が日本周辺で他国に攻撃されたら、日本は何ができるのか。

アメリカ軍を助けたら、よその国を助けることになり、集団的自衛権の行使になるのではないか。だから、そういうことはできないというのが内閣法制局の見解でした。

でも、そんなことをしたら大問題になるかもしれない。安保条約で日本を守ってくれるアメリカの軍隊が攻撃されたときに、もし自衛隊がアメリカ軍を守らなかったら、アメリカ国民から大変な反発を受けるだろう。そんなことになったら日米関係が崩壊してしまう。だからそういうことのないように、アメリカ軍を守ることができる程度に集団的自衛権の行使を認めてもいいのではないか。これが安倍さんの考え方であり、限定的な行使容認論です。

安倍さんはそれをやろうとするのですが、内閣法制局がなかなかウンと言ってくれない。だったら内閣法制局の長官を替えてしまおうと考えました。官僚の人事に手を突っ込むという、霞が関の役人が一番嫌がることをしたのです。

◩内閣法制局って、どんな機関？

法制局には衆議院法制局、参議院法制局、そして内閣法制局と三つあります。衆参両院の国会議員が法律を作るとき、彼らは必ずしも法律の専門家ではないので、衆議院の法制局や参議院の法制局が相談に乗ってくれます。

法律を作るにはこういうふうにしたらいいですよという細かい決まりやルールがあり、それを教えてくれるわけです。

内閣法制局はそれとはまったく別です。内閣が提案する法律案に関して、憲法に違反していないかどうか、他の法律と矛盾することがないかどうかを、事前に徹底的にチェックする組織です。

内閣法制局には生え抜きのキャリア官僚はいません。彼らは憲法や法律の専門家ですが、財務省、法務省、経済産業省などいろいろな役所のキャリア官僚が途中で内閣法制局に移ってきて、そこでさらにキャリアを積んでいきます。

トップの人事に関しては、こうした他省庁から移ってきたキャリアを内部昇格させて法制局長官にするというやり方をこれまで採ってきました。これは慣例としてそういうやり方をしてきたということです。

ところが、安倍さんは駐フランス大使だった小松一郎氏を突然、内閣法制局長官に任命しました。2013年8月のことです。長官は内部昇格させるという慣例を破って、まったく違うところから落下傘《らっかさん》のように連れてきたのです。しかも、外務省出身の長官は初めてでした。かつてない異例の人事であり、内閣法制局は当然、猛反発します。

なおかつ、小松さんは集団的自衛権の行使を認めるべきだと考えている人です。そういう人を長官に持ってきたというのは、これも掟破《おきて》りとしか言いようがありません。それまで内閣法制局の判断をずっと尊重してきた内閣が、一転して、言うことを聞かないのなら聞かせてみせるとトップをすげ替えてしまった。それによって集団的自衛権の行使は認められるという方針に変えさせた。実に無茶なやり方でした。

ここで問題になるのが法的安定性です。礒崎陽輔《いそざきようすけ》という首相補佐官が「そんなの関係ない」と言って物議を醸しました。

法的安定性、つまり歴代の内閣法制局が集団的自衛権は持っているけど使えないと言ってきたのに、一内閣が長官の首をすげ替えて、その判断を変えさせるというのは、法的な安定性に欠けるということです。

◪憲法解釈の変更で起こる問題――ドイツの例

憲法解釈の変更はいったい何をもたらすのか。その怖さを教えてくれるのがドイツの例です。

ドイツでは「憲法」と言わずに「基本法」と言っています。戦後のドイツは西ドイツと東ドイツに分かれて出発しました。西ドイツとしては、自分たちだけで憲法を作るわけにはいかないという思いがあって、いずれ統一してから憲法を作ろうと考えました。それまでの間は基本法で行くことにして、実質は憲法なのですが、一応、それとは区別しています。そうは言いながらも、結局、東ドイツと合併した後も名称を変えておらず、いまだに基本法のままです。

西ドイツは日本と同じ敗戦国です。しかし日本と違うのは、東西冷戦で国土が分割されてしまい、東ドイツが軍隊を持ち、その後ろにいるソ連も強大な軍事力を持っていたため、対抗上、最初から連邦軍という軍隊を持ったことです。ただし、かつて侵略をしたという過去があるので、歯止めが必要だということで、**NATO（北大西洋条約機構）***の域外には派遣しないというルールを設けました。

NATOは冷戦時代から今も続いている集団防衛体制です。東ヨーロッパと西ヨーロッパがにらみ合っている中で、いつ東ドイツやポーランドやチェコスロバキアやソ連が西ドイツに攻め込んでくるかもしれない。ひょっとするとフランスまで来るかもしれないし、

冷戦時代のヨーロッパ

（NATOとワルシャワ条約機構）

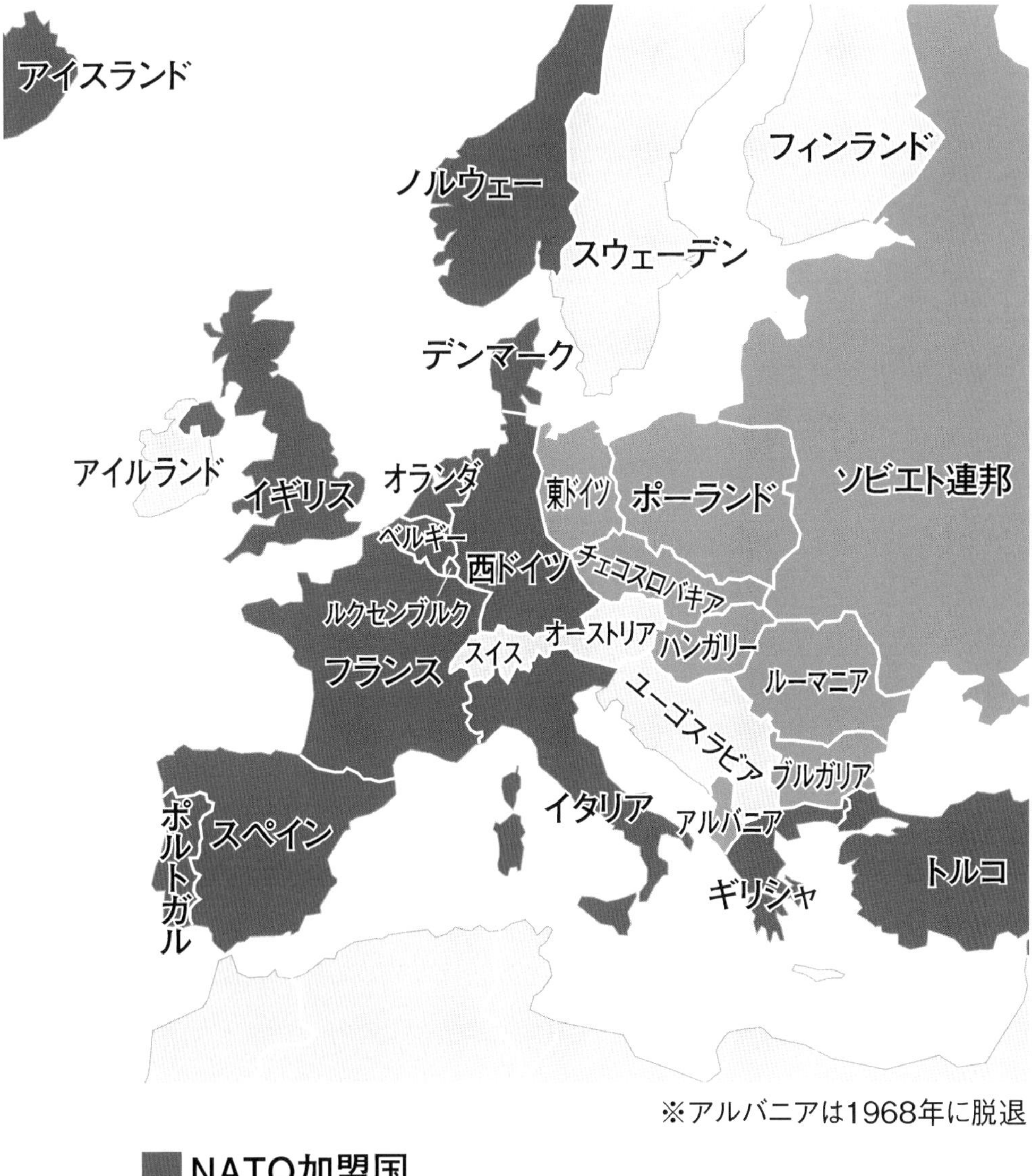

※アルバニアは1968年に脱退

NATO加盟国

ワルシャワ条約機構加盟国

ベルギーやオランダに来るかもしれない。

そういう恐怖心を持った西ヨーロッパの国々が、アメリカとカナダを加えて作ったのがNATOです。

＊＝1949年に創設。原加盟国（創設された時に加盟していた最初の国々）はアメリカ、カナダ、フランス、ベルギー、オランダ、イギリスなど12カ国。西ドイツは1955年に加盟。東西冷戦が終わるとポーランド、ハンガリー、チェコなどかつて東側陣営に属した国々も競うように加わった。現在、28カ国が加盟している。

もし、オランダとかベルギーとか、どこか一国でもソ連などから侵略を受けた場合は、NATOに加盟している国はすべて、自分の国が攻められたのと同じように受け止めて、みんなで一緒になって反撃する。これが集団防衛体制です。

そうすると、ソ連はソ連で「いやいや、西ドイツが攻めてくるかもしれないから」と言って**ワルシャワ条約機構**＊を作りました。どちらも集団防衛体制です。

＊＝1955年にソ連を盟主として創設。ポーランド、チェコスロバキア、ハンガリー、ルーマニア、東ドイツなど東ヨーロッパ諸国が加盟。冷戦崩壊とともに廃止された。

これはヨーロッパを鉄道や車で走ってみるとわかります。見渡す限りの大平原なのです。戦車部隊が入ってきたらまず止めるのは難しい。日本と違ってフランスでもドイツでも、ひたすら大平原が広がっているので、そこに500両、600両のソ連の戦車部隊がどっと来たらひとたまりもありません。あっという間に占領されてしまう。その恐怖心たるやものすごいものがあります。いつソ連軍の戦車が攻めてくるかもしれないという恐怖心の中からNATOは生まれたのです。

このNATOに西ドイツも加盟しました。そこで、「もしフランスが攻められたら、あるいはベルギーが攻められたら、西ドイツも一緒になって戦ってあげますよ。だからNATOに加盟している国々に対してなら西ドイツ軍を派遣することができます。でも、NATOの外に出すのはいけませんよ」ということにしました。

さて、問題はここからです。湾岸戦争でドイツはアメリカが主導する多国籍軍に軍隊を派遣しませんでした。イラクやクウェートはNATOの域外だったからです。その代わり、日本と同じように多額の資金を提供しました。これがアメリカなどの強い批判を浴びたのです。お金だけ出して済むと思うのか、ということですね。

憲法解釈を変えて50人以上の犠牲者を出したドイツ

この批判を受けてドイツは、連邦軍をＮＡＴＯ域外へも派遣できるように基本法の解釈を変えました。音頭を取ったのは当時のコール首相です。政府は基本法を改正せずに解釈の変更で済ませ、連邦憲法裁判所も「議会の同意があればＯＫ」とこれにお墨付きを与えました。

ドイツは何十回も基本法を改正している国ですから、基本法改正の手続きを取ることもできたはずなのに、国民の反対が強いということで解釈変更で押し切ったわけです。

基本法の解釈を変えた後、ドイツは実際にＮＡＴＯの域外に軍隊を派遣しています。そのきっかけとなったのが、アメリカのアフガニスタン攻撃です。

アメリカは9・11で国際テロ組織「アルカイダ」から攻撃されると、その報復に個別的自衛権を発動してアフガニスタンを攻撃しました。この時、ＮＡＴＯの国々も「アメリカが攻撃されたのだから、一緒になって戦うよ」ということで、それぞれの国が集団的自衛権を発動しました。

先ほど述べたように、どこか一国が攻撃されたら全部が共同で反撃するというのがNATOの決まりです。そこで、アメリカが攻撃されたため、加盟国は集団的自衛権を行使したのです。アメリカとイギリスがアフガニスタン攻撃を始めた後、それを支援する形でNATO加盟諸国の軍隊がアフガニスタンに派遣されました。

ドイツも2002年からアフガニスタンへ連邦軍の派遣を始めました。もちろん、戦闘に巻き込まれてはいけないので、非戦闘地域に派遣するということで送っています。どこかで聞いたような話ですよね。

米英軍の攻撃が一段落した後、ドイツ軍は国連安保理決議に基づいて作られたISAF（国際治安支援部隊）に参加し、後方支援や復興支援などの任務に従事します。ところが、その活動のさなか、イスラム過激派で反政府武装組織の「タリバン」の攻撃を受けて大勢の兵士が殺され、さらに自殺者まで出て、合計50人以上が犠牲になりました。またドイツに帰還後、大勢の元兵士がPTSD（心的外傷後ストレス障害）を発症して苦しんでいます。

憲法解釈を変え、非戦闘地域に軍隊を送ったら、50人以上の犠牲者が出てしまった。

政府の説明とは全然話が違ったということ。非戦闘地域などなかったのです。タリバンは神出鬼没ですから、アフガニスタンに行けばいつどこで攻撃されるかわからないのに、ドイツ軍兵士たちは安全だと聞かされていました。

◪憲法審査会で3人の参考人が「憲法違反だ」と言った

ドイツの例もあるではないかという議論が起き、とりわけ今回、大きく世論を動かしたのが、衆議院の憲法審査会での〝事件〟です。それまで安保関連法案にはあまり反対運動はありませんでした。その潮目が変わったのが、6月4日の憲法審査会で参考人の憲法学者の3人が3人とも憲法違反だと言ったことです。

これについて、安保法案の審議中に、公聴会か何かでこの発言が出たと勘違いしている人が多いのですが、そうではないのです。安保法案とは関係なく開かれた衆議院の憲法審査会で飛び出した発言です。

憲法審査会は第一次安倍内閣のときに、安倍さんが憲法を変えたいものだから、それにはどうしたらいいかということで、衆議院と参議院に憲法審査会の設置を決めました。日本国憲法や日本国憲法と関係の深い基本法制について調査を行うとともに、憲法改正原案や憲法改正の発議などを審査する機関です。これが実際に活動を始めたのは民主党の野田佳彦《よしひこ》内閣になってからで、その動きが第二次安倍内閣がスタートしてからもずっと続いてきました。

憲法改正を発議する際に、どの条文を取り上げるのか、一つの論点に絞るのか、それともいくつかまとめて発議するのか、といったようなことも議論します。憲法改正に情熱を燃やす安倍さんは、この憲法審査会で着々と議論を重ねて、憲法改正を発議する準備を整えようとしてきました。

その憲法審査会で、安保関連法案の審議とは別に、今述べたようないろいろな議論をする中で、この日は立憲主義、改正の限界、違憲立法審査がテーマになっていました。

そうしたところ、３人の憲法学者の意見陳述が終わった後、憲法審査会委員の民主党の議員が、「いま議論されている安保関連法案は、憲法に違反するのですか、しないのですか」と質問したんですね。

それに対して自民党推薦の長谷部恭男《やすお》早大教授までが憲法違反だと言ったものだから、大騒ぎになったということです。

長谷部さんを推薦したのは、自民党の栃木県選出議員の船田元《はじめ》氏。自民党で憲法改正推進本部長を務めている人です（10月23日退任）。

長谷部さんは、前からずっと集団的自衛権の行使は憲法違反だと言っていました。実は、憲法審査会で参考人に呼ばれる人は、事前にどの党の推薦で呼ばれたかはわからないそうです。どこの党推薦ではなくて、憲法審査会としてお招きして意見を聞かせていただく形をとります。だから、長谷部さんはまさか自民党から推薦されているなんて思いもよらなかったようです。集団的自衛権は違憲だと思っているわけだから、自民党から呼ばれているとは思っていなかったのです。

船田さんがなぜ長谷部さんを呼んだのか。特定秘密保護法案の審議のときに、与野党で議論が大きく分かれました。あの時に、リベラル系、野党系の法律学者たちは特定秘密保護法案は憲法違反だと言っていました。ところが、長谷部さんはリベラル系とされる人なのに、特定秘密保護法は必要だと言っていたのです。自民党はそれで、当時、長谷部さんを推薦して意見陳述してもらったということがあります。

船田さんはそのことを覚えていて、集団的自衛権について長谷部さんがどう考えているかを調べないまま、自民党の味方をしてくれる人だと思い込んで推薦したのでしょう。

これを絶好のチャンスと見たのが民主党でした。「安保法案について聞いてみたら面白いことになるぞ」と思ったのかどうか。とにかく、審査会のテーマとは無関係でしたが、ついでに安保法案のことを質問したところ、３人の憲法学者（長谷部氏と小林節慶応大名誉教授、笹田栄司早大教授）が全員、憲法違反だと答えた。与党推薦ですら違憲だと言ったといって大きなニュースになったのです。

ここから安保法案反対の動きが急速に広がっていくことになります。

◩これまで違憲とされてきた「集団的自衛権」が、どんな解釈で合憲とされたのか？

憲法学者から違憲の指摘が相次いだにもかかわらず、内閣法制局が解釈変更を元に戻すことはありませんでした。

内閣法制局をねじ伏せる切り札として抜擢《ばってき》された小松一郎長官は、２０１４年5月に退任し、6月に亡くなります。短い在任期間の中で、小松さんは限定的な行使容認の論理を組み立てて法制局に残しました。その論理の組み立てに力を発揮したのが内閣法制局ナンバー2の法制次長を務めた横畠《よこばたけ》裕介氏です。

東京地検検事から法制局にきた横畠さんは、本来ならば彼が長官になるところで小松さんが上にきてしまいました。小松長官は横畠次長と相談しながら、改めて論理を組み立てたようです。

官僚というのは何でも理屈をつけるのがうまく、「では、集団的自衛権の行使が憲法違反ではないという理屈を作りましょう」ということになって、新しい理屈を作りました。作ったところで小松長官がそれを正式なものとして発言しているうちに、病を得て退任します。

その後任になったのが横畠氏です。今さら小松長官の発言は間違いでしたとも言えないし、まして集団的自衛権の行使が憲法違反ではないという理屈付けをした人ですから、元に戻すこともできなかったのでしょう。そのあたりのいきさつは、前に取り上げた『安倍政権の裏の顔』に詳しく書かれています。

横畠長官は国会の答弁ですごいたとえを出しましたね。フグの話です。民主党の寺田学《てらたまなぶ》氏が「腐ったみそ汁の中から一杯だけ限定して取っても腐っているものは腐っているではないか」と追及したら、「仮にそれが毒キノコだとすれば煮ても焼いても食えないし、その一部分をかじってもあたります。では、フグかもしれない。フグだと毒があるから全部食べたらあたりますけれども、肝を外せば食べられる。そういうこともあるということでございます」（6月19日、衆院平和安全法制特別委員会）と答えました。集団的自衛権に関しても、危険な部分さえ除外すれば十分認められるんだという理屈です。「なんじゃ、それは」とみんな啞然《あぜん》としました。

つまり、他国を守るために海外へ出て行って戦う。これはフグの肝に当たると。それを食べると死んでしまうから、そこは取り除いて、それ以外ならいいよと言っている。恐るべきたとえですね。そういうすごい理屈を考え出した人だということです。

役人というのは、「これを正当化する理屈を作れ」と言われたら、何でも作ってしまうのだなと呆れるやら、感心するやらです。

2章

「安保関連法」って、いったいなに？

——10の法律改正と一つの新法について

◪安保関連法の中身を見てみよう

安保関連法は9月19日に成立した後、同30日に公布されました。2016年3月末までに施行されることになっています。

安保関連法とは一体どんな法律なのか、改めてその中身を確認しておきましょう。大きく2種類からなっています。

一つは、すでにある法律を改正したり名称を変えたりしたもの。ここに含まれるのは10本の法律です。

もう一つは、新法として制定される国際平和支援法です。

法律名と主な内容は次の通りです。

［改正または名称変更］

①自衛隊法

↓米軍等の部隊の武器等の防護、在外邦人の警護・救出が可能に

②国際平和協力法（**PKO**＊協力法）

↓武器使用基準を緩和し、安全確保業務（治安維持）や駆けつけ警護が可能に。国連以

外の機関の要請でも参加可能に

③重要影響事態法

↓周辺事態法を名称変更。「我が国周辺の地域における」という地理的限定を撤廃。後方支援で弾薬の提供、戦闘のため発進準備中の他国軍機に給油・整備ができる

④船舶検査法

↓外国領域における活動の実施も可能に

⑤武力攻撃事態法

↓日本が直接攻撃を受けたときの武力攻撃事態に加え、存立危機事態でも武力行使ができる（集団的自衛権の行使を容認）

⑥米軍等行動円滑化法

↓「米軍」を「米軍等」に変更。存立危機事態における外国軍隊への支援を追加

⑦特定公共施設利用法

↓米軍以外の軍隊も港湾、飛行場などを利用できる

⑧海上輸送規制法

↓存立危機事態にも適用

⑨**捕虜取扱い法**
↓存立危機事態にも適用
⑩**国家安全保障会議（ＮＳＣ）設置法**
↓審議事項に存立危機事態を加える

＊＝「Peacekeeping Operations」の略。
日本語では、平和維持活動と訳される。国連ＰＫＯは世界各地で起こる紛争に対処するもので、国際的平和や安全を維持するために、国連安全保障理事会（または総会）の決議に基づいて、国連の統括のもとに行われる。

［新法制定］
⑪**国際平和支援法**
↓国連決議の下、国際社会の平和・安全のため共同して対処する諸外国軍隊への後方支援を行う

それぞれの法律はかなり性格が違うのに、政府・与党は計11本もの法案をひとまとめに国会に提出して、強引に成立させてしまいました。

◪自衛隊の活動は、具体的にどう変わるのか？

さあ、それではこの安保関連法で、自衛隊の活動は具体的にどう変わるのか？　また、リストを見ると、名前がよく似ているのがありますね。国際平和協力法と国際平和支援法。これはどう違うのでしょうか。「事態」という言葉が入っているのが、重要影響事態法と武力攻撃事態法です。これもどんな「事態」を想定した法改正なのか。これらの違いについては、78〜79ページの図と併せて、詳しく見ていきましょう。

法律名ではありませんが、「存立危機事態」という言葉もしばしば出てきます。これにはどんな意味があるのでしょうか。90ページ以下で詳しく説明します。

自衛隊法や船舶検査法はよく耳にしますが、意外と知られていないのが捕虜取扱い法です。すでにそういう法律ができていました。日本は戦争をしないはずなのに、なんでこんな法律があるのか不思議ですよね。

ジュネーヴ条約*で捕虜は人道的に扱わなければいけないと決まっています。日本も戦後

自衛隊の活動

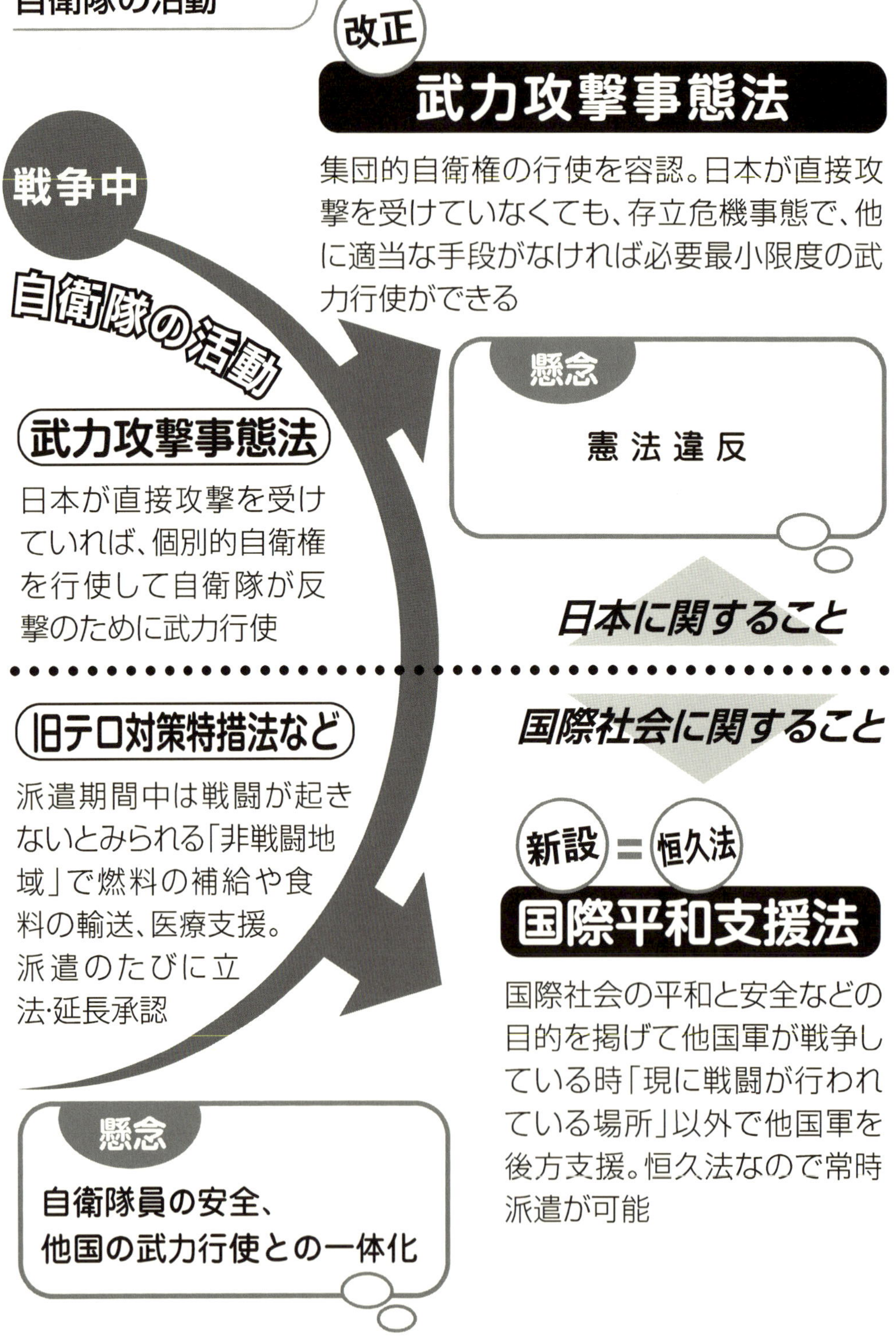
改正
武力攻撃事態法
集団的自衛権の行使を容認。日本が直接攻撃を受けていなくても、存立危機事態で、他に適当な手段がなければ必要最小限度の武力行使ができる
懸念
憲法違反
戦争中
自衛隊の活動
武力攻撃事態法
日本が直接攻撃を受けていれば、個別的自衛権を行使して自衛隊が反撃のために武力行使
日本に関すること
国際社会に関すること
旧テロ対策特措法など
派遣期間中は戦闘が起きないとみられる「非戦闘地域」で燃料の補給や食料の輸送、医療支援。派遣のたびに立法·延長承認
新設
=
恒久法
国際平和支援法
国際社会の平和と安全などの目的を掲げて他国軍が戦争している時「現に戦闘が行われている場所」以外で他国軍を後方支援。恒久法なので常時派遣が可能
懸念
自衛隊員の安全、
他国の武力行使との一体化

（朝日新聞2015年9月20日付をもとに作成）

拡大する

改正

重要影響事態法

日本の平和に深刻な影響を与える事態の時、世界中で他国軍を後方支援。弾薬の提供や発進準備中の軍用機への給油も可能

懸念

他国の武力行使との一体化、自衛隊員の安全

それ以外

これまでの

周辺事態法

日本周辺の有事で米軍を支援。燃料·水の補給や食料の輸送、医療支援

日本に関すること

国際社会に関すること

PKO 協力法

国連が統括する平和維持活動に限定。自分や近くにいる人の身を守るための武器使用は可能

改正

PKO 協力法

国連が直接関与しない平和維持などの活動も参加可能。検問や巡回などで住民を守る活動や、離れた場所に駆けつけて他国軍や民間人を警護できる。任務を遂行するための武器使用が可能

懸念

自衛隊員の安全、国連以外の要請でも派遣

になって条約に加入しました。ところが長い間、これに対応する国内法がなかったのです。戦争をしなければ、捕虜のことを考える必要はありませんから。でも、外国が攻めてくることがないとは言えない。その時は個別的自衛権で日本の国を守ることになります。ということは、そこで戦闘をすれば、当然、攻めてきた外国軍の将兵を捕虜にすることはあり得るわけです。とすると、やはり捕虜の取り扱い法を作っておくべきだということになって、小泉内閣の時代にこの法律ができました。

＊＝戦争状態における、軍隊の傷病者や捕虜の待遇改善のための戦時国際法。赤十字条約ともいう。戦時国際法とは、戦争時でもあらゆる軍事組織が守るべき義務を明文化したもの。

今回の焦点は集団的自衛権です。集団的自衛権を行使して戦えば、アメリカを攻撃した他国軍将兵を日本が捕虜にすることだってあるかもしれない。そこで改正する必要があったということです。

◪あまりに無謀だった11本の法案の一括審議

10本の法律の改正案と新法を一括して審議するというのは、あまりにも無謀でした。少なくとも法律の改正案と新法の二つは分けるべきでした。国民が混乱するのは当たり前でしょう。

新法の国際平和支援法は、日本の国際貢献についての話であって、集団的自衛権とは関係ありません。集団的自衛権が関係してくるのは、主に武力攻撃事態法と重要影響事態法です。

日本の平和と安全が脅かされるような重大事が発生したときに、日本としてどう行動するのか、個別的自衛権だけでいくのか、それとも集団的自衛権も使うのかという話と、日本の国際貢献はどうあるべきかという話は、まったく別の事柄です。当然、切り離して議論すべきだったと思います。

◪新たな法律「国際平和支援法」とは？

では、新設された国際平和支援法は、具体的に何をする法律なのでしょうか。これは、他国を侵略するような行動を取った国を、国際社会が一致結束して「そんなことはやめなさい」と言って制裁し、戦争になったときに、日本として後方支援をするという法律です。ただし、日本が支援するのは、国連安保理決議（または国連総会決議）が出ていることが条件です。

湾岸戦争（1991年）の例を考えてみましょう。あの時は、イラクが隣国クウェートを侵略し、それをやめさせるため国連が安保理決議を出してイラクに即時撤退を求めました。さらに、期限までに撤退しなければ武力行使を行うという安保理決議も採択しました。でも、イラクは言うことを聞きませんでした。そこでアメリカ中心の多国籍軍が軍事行動を起こし、湾岸戦争が始まったのです。

国際平和支援法は、こういう戦争が起きたときに、日本が多国籍軍に後方支援するようなケースを想定しています。

そうすると、侵略というのは地球上のどこでも起こり得ることですよね。将来、地球の反対側で侵略が起き、それを制裁する戦争に、日本が後方支援という形で関わることも考えられます。

「地球の裏側まで行って戦争するのか」という批判が起きましたけど、その批判が念頭に置いているのはこの法律です。自衛隊が地球の裏側に行って多国籍軍（実態としてはアメリカ軍）に後方支援をしたところ、相手国から攻撃されて、否応なく戦争に巻き込まれてしまうのではないか、そうなれば、自衛隊員は殺したり殺されたりすることになるではないか、という批判です。後方支援が決して安全ではないことは、アフガニスタンに軍を派遣したドイツの例（第1章参照）で見た通りです。

この法律は集団的自衛権の話とは何の関係もないのに、なぜ今回、安保関連法の中に入ったかと言うと、政府は恒久法を作りたかったのです。

これまでは、何か事があるたびに**時限立法***で対処してきました。たとえば、アフガニスタン攻撃のときの海上自衛隊のインド洋派遣がそうです。9・11でアメリカは、オサマ・ビンラディンのアルカイダから攻撃を受けたとしてアフガニスタンを攻撃しました。その時に、アフガニスタンを攻撃しているアメリカ軍などを後方から支援するため、日本はインド洋に海上自衛隊の護衛艦と補給艦を派遣し、海上で給油を行いました。これはテロ特措法（テロ対策特別措置法）という法律を特別に作って派遣したものです。

＊＝有効期間を定めて制定された法令。有効期間を定めない法令は恒久法という。

あるいはイラクへの派遣。アメリカがイラクを攻撃した後の2004年、イラクのサマーワに陸上自衛隊を派遣して、人道復興支援活動を行いました。この時もイラク特措法という時限立法で対応しています。

そうやって一つ一つ法律を作ってやってきたのですが、「それでは時間がかかりすぎる。必要と判断したら、国会で承認を得て、すぐに行くことができるようにしたい」というので、今回の恒久法を作ったのです。

◪自衛隊が「イスラム国」の紛争地域に送り込まれる可能性も

現在、イスラム教過激派組織の「イスラム国（ＩＳ）」に対してアメリカなどが空爆をしていますが、将来的にアメリカがイラクやシリアに陸上部隊を送り込み、「イスラム国」と戦う日がこないとも限りません。その時、日本も協力してほしいと言われたら、「さあ、日本はどうするのか」という話になります。国連決議が前提になりますけれども、日本が協力する場合、恒久法があれば新たに法律を作る必要はないわけです。

安倍政権としては、「国際平和支援法に基づいて派遣したい」と言って国会承認を求めることになるでしょう。この法律には、衆参両院でそれぞれ7日以内、計14日以内に議決するよう努めると書いてあります。ということは、国会ですぐに議決して、これまでよりもはるかに早く部隊を派遣できるということです。国会で審議するという点では今までと同じですが、果たして14日間でどれだけ実のある審議ができるのでしょうか。

もう一つ、同じ国際貢献に関する法律に国際平和協力法、通称ＰＫＯ協力法があります。こちらは、武力紛争がある程度収まった段階で国連が行う紛争の再発防止、平和回復のための様々な活動に、自衛隊が参加するというものです。

◪ＰＫＯ協力法改正で、自衛隊員の犠牲者が出ることも覚悟

有事に後方支援を行う国際平和支援法に対し、ＰＫＯ協力法は平時の活動です。ただし、平時といっても、いつ武力紛争が再発するかわからない非常に不安定な状況の中での活動であり、任務には危険が伴います。そこで政府は、ＰＫＯ参加5原則を設け、この原則をクリアしている場合に限り、自衛隊を派遣できるとしてきました。

参加5原則はこうなっています。

（1）紛争当事者間で停戦合意が成立している
（2）受け入れ国と紛争当事者が、ＰＫＯと日本の参加に同意している
（3）中立的立場を厳守

（4）上記の原則が満たされないときは撤収が可能

（5）武器使用は、要員の生命等の防護のために必要最小限のものに限られる

今回の法改正では、（5）の内容が改められています。安全確保業務と駆けつけ警護が新たに認められ、「任務遂行型の武器使用」ができるようになりました。

「安全確保業務」とは、地域の治安維持にあたることです。

「駆けつけ警護」は、自衛隊が派遣された場所のすぐ近くでよその国の軍隊や民間人が攻撃されたときに、その場に駆けつけて助けることです。わざわざ危険な場所に飛び込んでいくことになるので、今までは許されていませんでした。今度からこれができるようになります。

安全確保業務と駆けつけ警護では、任務を妨害する武装勢力が現れたとき、これにどう対処するかが問題となります。その時は、自衛隊員は任務遂行のために武器を使って武装勢力を排除してもいいことになりました。たとえば、他国の軍隊が攻撃されているところへ駆けつけたら、自衛隊員が攻撃されていなくても、助けに入って武装勢力に応戦してもいいということです。

今までは「自己保存型の武器使用」と言って、自衛隊員は、自分自身ならびに自分と一

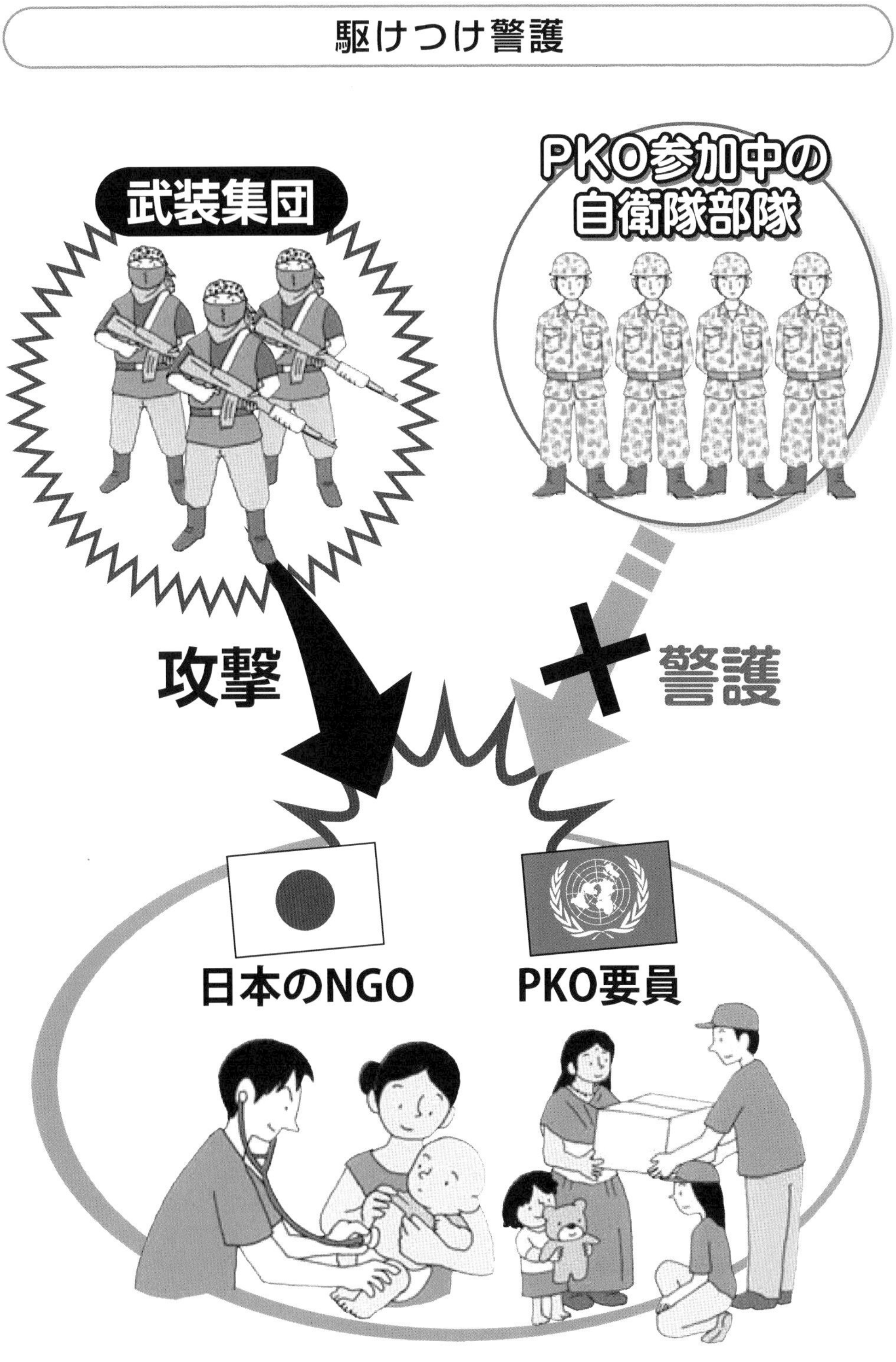

出所：首相官邸ホームページ

緒にいる他の隊員や自分の管理下に入った者を守るために、やむを得ない場合に限って武器を使うことができました。それ以外のケースでは使えなかったのです。これからは武器を使えるケースが増えます。

これによって、誰が考えてもわかるように自衛隊員のリスクは高まります。危険な任務を引き受けるわけですから当然ですよね。今後は、自衛隊員の犠牲者が出ることも覚悟しなければいけないことになるのです。

ＰＫＯ協力法のポイントは以上の通りですが、考えてみれば、これも集団的自衛権とは直接関係のない話です。あくまで国際貢献に関する法改正だからです。

結局、11本の法案を一括して国会に出したことで、集団的自衛権に関係する法案もそうでない法案も全部一緒に審議してしまったので、議論が錯綜《さくそう》したり、多くの国民が勘違いしたりして、訳がわからなくなっているのです。

◪「重要影響事態法」とは？

次に集団的自衛権に関係するものを見てみましょう。

重要影響事態法は、周辺事態法を衣替えした法律です。

「重要影響事態」の定義を確認すると、

「そのまま放置すれば我が国に対する直接の武力攻撃に至るおそれのある事態等、我が国の平和及び安全に重要な影響を与える事態」

となっています。

従来、そういう事態が起こるとしたら日本の周辺だろうと考えられていたのが、「いや、そうとは限らない。遠く離れた場所でも起こるかもしれない」ということで、地理的な限定は撤廃されました。

常識的に考えて思い浮かぶのは、朝鮮半島有事か台湾有事ですが、地理的限定を外せば、このところ急速に緊張が高まっている南シナ海も対象になることが考えられます。

重要影響事態で日本は何をするのでしょうか。たとえば、北朝鮮と韓国が交戦状態に入ったようなケース。放置すると日本へも火の粉が飛んでくるかもしれないという状況で、アメリカ軍などの軍隊に、自衛隊が後方支援を行うというのが重要影響事態法の趣旨です。

周辺事態法では支援するのはアメリカ軍だけでしたが、改正された法律では他国の軍隊も支援の対象になります。政府はオーストラリア軍を念頭に置いています。

また支援メニューとしては、これまで認められてこなかった弾薬の提供、戦闘のために発進準備中の他国軍機に対する給油・整備ができることになりました。

◪今回の安保関連法で出てきた「存立危機事態」って何？

この重要影響事態がエスカレートして、さらに深刻な事態となったのが「存立危機事態」です。集団的自衛権を行使できるようにするため、政府が今回、新しく作り出した概念です。政府は武力攻撃事態法を改正して、この存立危機事態や集団的自衛権についてのいろいろな規定を盛り込みました。

定義はこうなっています。

「我が国と密接な関係にある他国に対する武力攻撃が発生し、これにより我が国の存立が脅かされ、国民の生命、自由及び幸福追求の権利が根底から覆される明白な危険がある事態」

「我が国と密接な関係にある他国」とは、日本と仲の良い国のこと。同盟国のアメリカということになりますが、アメリカだけかというと、そうでもないようです。具体的な国名ははっきりしません。

この存立危機事態になったとき、日本は集団的自衛権を使って武力行使ができるといいます。

ただ、これだけでは、日本の周辺で（あるいは周辺でなくても）何か危機が起きたときに、政府が勝手に存立危機事態だと判断して集団的自衛権を行使する可能性を否定できません。それでは困るので、一応、いくつかの歯止めがかかっています。

（1）存立危機事態だと認定されること

（2）他に適当な手段がないこと

（3）必要最小限度の実力行使にとどまる

（4）武力攻撃を受けた国の要請または同意が必要

（5）原則として事前の国会承認が必要

（1）の存立危機事態とは具体的にどういう状況を指すのか。これについては、すぐ後で取り上げます。

（2）は、話し合いや外交交渉で解決する余地があるなら、それを優先すべきだということ。（5）の「原則として」は微妙ですね。「例外」が認められるからです。政府が緊急だと判断すれば、事後承認になります。

さて、11本のリストの中からもう一つだけ触れておくと、米軍等行動円滑化法というのがあります。これも集団的自衛権と関係があります。

今回、名称に「等」が入りました。支援するのがアメリカ軍だけではなくなったということです。元は日本が外国から直接、攻撃を受けたときに、日本を守るために駆けつけてくれたアメリカ軍に弾薬や燃料、水、食料などを補給すると決めた法律です。法改正で対象が他の外国軍にも広がり、オーストラリア軍にも支援できるようになりました。

さらに存立危機事態、つまり集団的自衛権の行使ができるケースで、アメリカ軍などに同様の補給ができるようになりました。

◪集団的自衛権の行使に関する政府の説明
——日本人母子を乗せた米艦防護

存立危機事態とは一体どういう状況を指すのかということで、安倍首相が挙げた代表例が次の二つです。
(1) 紛争地から日本人母子を乗せて退避中のアメリカ軍艦船を自衛隊が守るケース
(2) 中東のホルムズ海峡が機雷で封鎖されたケース
ところが、政府の説明は激しくぶれました。急ごしらえの理屈なので、いろいろ突っ込

邦人輸送中の米輸送艦の防護

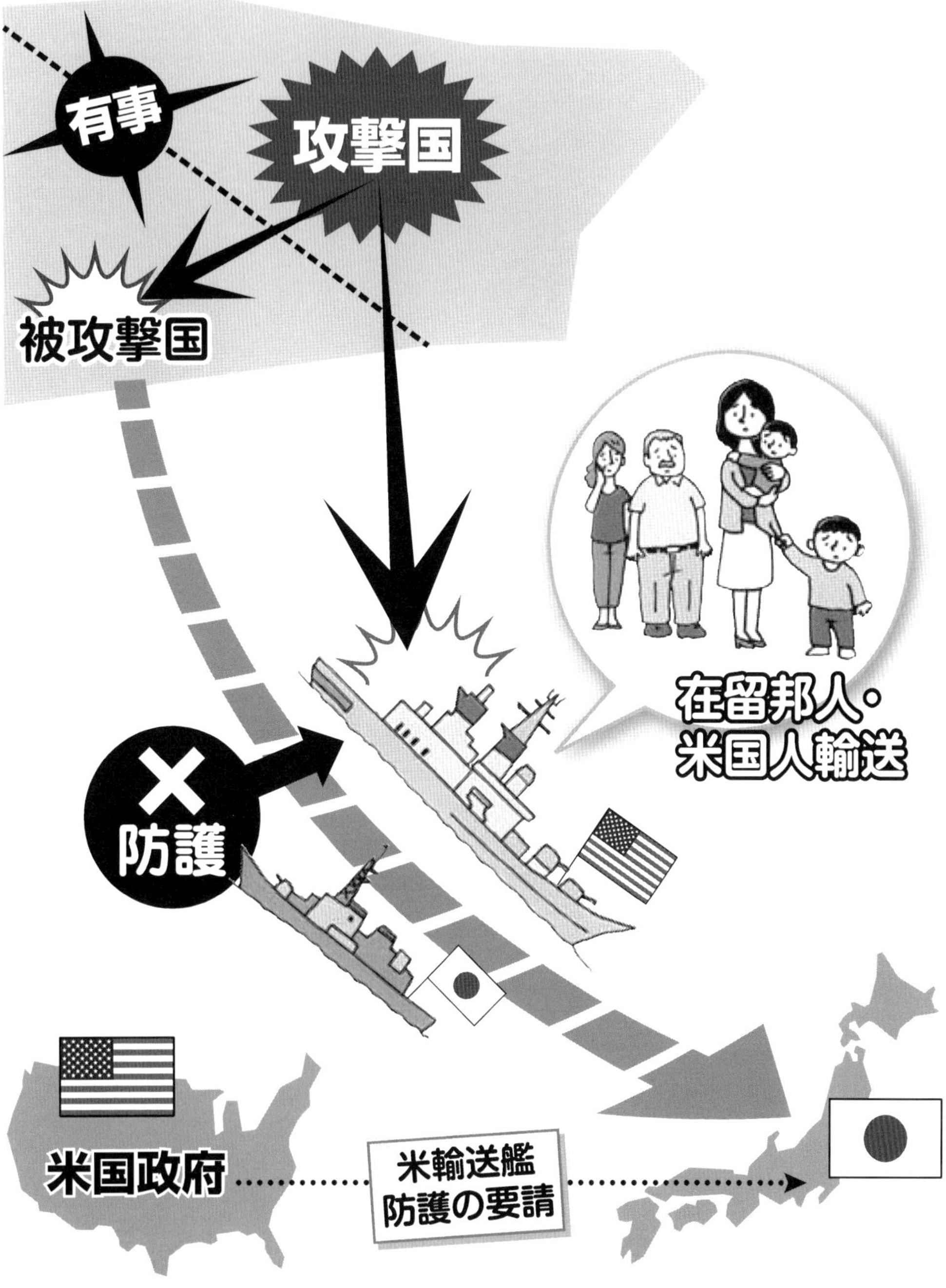

出所：首相官邸ホームページ

まれると説明がぶれるのです。

安倍首相は2014年7月1日に憲法解釈の変更を閣議決定した後、記者会見で次のように述べました。

「例えば、海外で突然紛争が発生し、そこから逃げようとする日本人を同盟国であり、能力を有する米国が救助を輸送しているとき、日本近海において攻撃を受けるかもしれない。我が国自身への攻撃ではありません。しかし、それでも日本人の命を守るため、自衛隊が米国の船を守る。それをできるようにするのが今回の閣議決定です」（原文のママ）

会見場で安倍首相が示したパネルには、日本人母子の絵が描かれていました。武力攻撃を受けた国（韓国）に日本人母子が取り残され、それをアメリカ軍が救出して輸送艦で連れ帰るときに、敵国（北朝鮮）から攻撃されるかもしれない。だからアメリカから要請があれば、米輸送艦を守るのは当然ではないか、という言い方でした。

ところが、ずっと後になって中谷元・防衛相が、「邦人が乗っているか乗っていないか、これは絶対的なものではない」「判断要素の一つにすぎない」（8月26日、参院特別委）と答弁しました。日本人が一人も乗っていないアメリカの艦船を自衛隊が守ることもあると言ったのです。

だったら安倍首相のあの会見は何だったのでしょうか。当時、私は駐日アメリカ大使館のホームページを調べてみました。ホームページのビザ関連リンクからアメリカ国務省領事局のページに飛んで、「海外で緊急事態が起きたとき、国務省には何ができて、何ができないのか」というコーナーを見たところ、Q＆A形式で国務省が取り得る対応を説明していました。

旅行や滞在で外国に行くアメリカ人は、何かあったとき、たとえば戦争に巻き込まれたり、テロに遭ったりしたときに、アメリカ政府がどこまで助けてくれるのか、気にするわけです。

そこの説明には、こう書いてありました。

「緊急時にアメリカが救出するのは米国籍の市民を最優先する。米国籍を持たないあなたの友人や身内の人を避難させるのに、アメリカ政府がチャーターした便、もしくは非営利の輸送手段を使えるものと期待してはならない」

助けるのは米国籍の人が優先だと言っています。さらに「軍隊を使って助けてくれますか？」という質問には、

「市民救出のために米軍が出動するというのは、ハリウッドの台本だ」

と回答しています。

現実問題としてそんなことはしませんよと言っている。米国籍の人に対してさえそうなのに、いくら同盟国とはいえ、外国人である日本人の母子を軍隊を使って助けるでしょうか。これはもうあり得ない設定なのです。

確かにあのような絵を見せられると、日本人を助けてくれているのだから自衛隊が守りに行くのは当然だ、その時は武力行使もやむを得ないと思いますよね。だけど、実際にはあり得ない話です。

政府は、集団的自衛権の行使を国民に認めてもらおうとして、印象操作したということではないでしょうか。最近は、日本人母子が乗っていようがいまいが、政府が存立危機事態と認定してアメリカ軍を守ることはあり得ると言っています。

◢ホルムズ海峡、機雷除去の矛盾

安倍首相が挙げた例の二つ目はホルムズ海峡の機雷除去です。日本が輸入する石油の8割はホルムズ海峡を通っています。もしここが機雷で封鎖されるようなことになれば、日本はエネルギー不足に陥り、それこそ日本の存立を脅かす事態になりかねない。だから機

ホルムズ海峡と国際航路

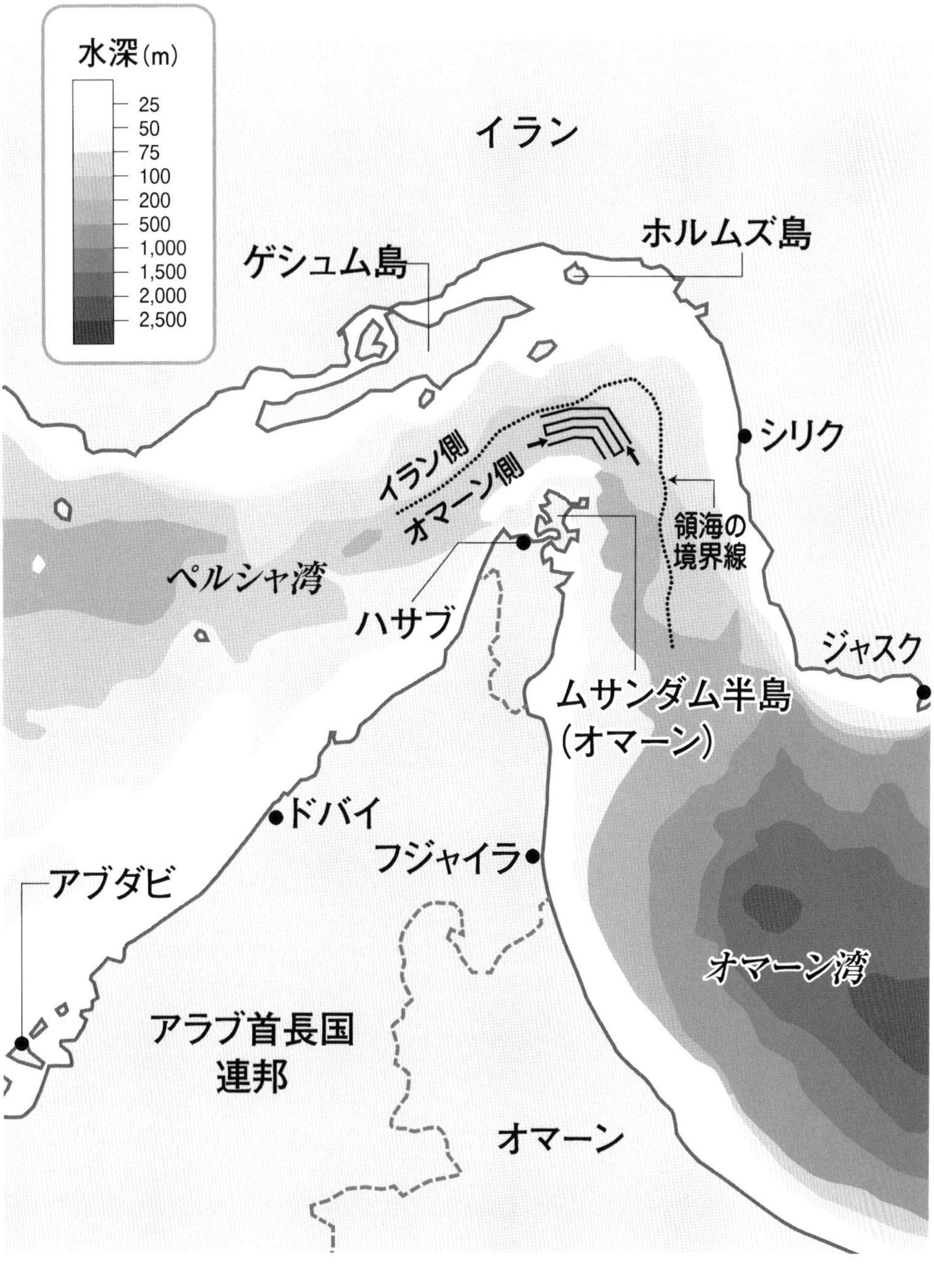

政府による「機雷掃海活動」のイメージ

＊時事ドットコム「集団的自衛権限定行使のイメージ」
をもとに作成

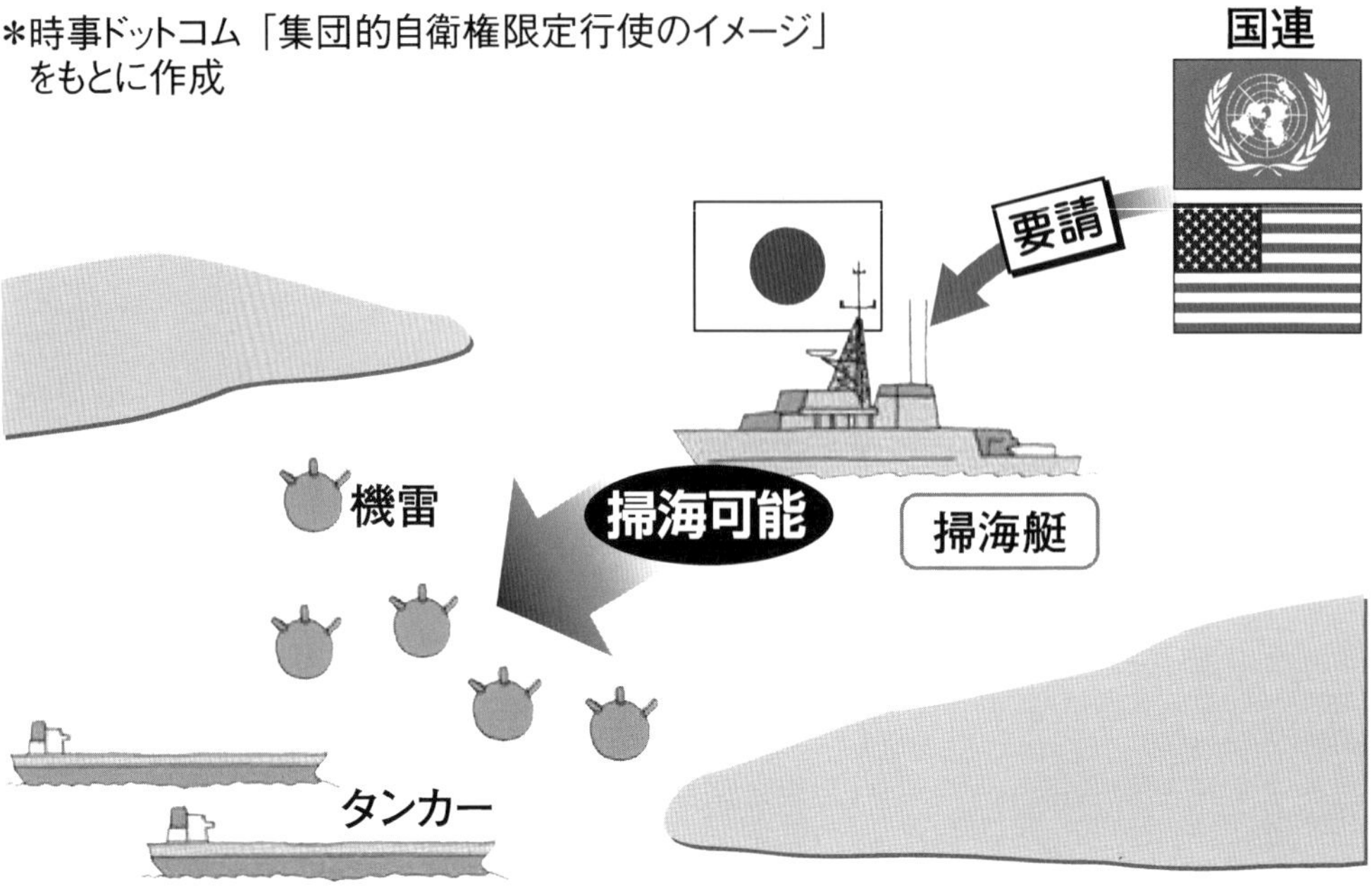

雷の除去に自衛隊を派遣することはあり得るんだ、というのが政府の説明です。

ところが、ホルムズ海峡はものすごく狭い海峡で幅は30〜40キロメートルしかありません。北がイラン、南がオマーンで、幅が狭くてそれぞれの領海が重なっているため、真ん中でイランとオマーンの領海に分けています。国際航路、つまりタンカーが通る航路は、イランが国際的に孤立しているため、オマーンの領海の方に設けられました。

もしイランがホルムズ海峡を封鎖することを考えたら、国際航路のあるオマーンの領海に機雷を敷設《ふせつ》するはずです。しかし、機雷の敷設は国際法上、戦闘行為です。オマーンの領海に機雷をばらまけば、イランがオマーンに戦争を仕掛けたことになります。戦争を吹っかけられたオマーンはどう動くのか。オマーンは湾岸協力会議（ＧＣＣ）という集団防衛機構に入っています。オマーン、カタール、クウェート、アラブ首長国連邦、バーレーンはいずれも小さな国々で、自分だけではイランにかなわないので大国サウジアラビアを巻き込んでＧＣＣを作りました。そのサウジアラビアにオマーンが助けを求め、オマーンにイランが戦争を仕掛けたというふうに受け止めれば、サウジアラビアが動き出す可能性があります。

そうなると中東の二つの大国、サウジアラビアとイランの全面対決となります。一方はイスラム教スンニ派の大国、他方はシーア派の大国ということで、第五次中東戦争、第三次世界大戦にも発展しかねない、とてつもない事態になるのです。その結果は、イランの破滅でしょう。こんな事態はあり得ないと言っていいでしょう。

こう考えていくと、ホルムズ海峡の機雷除去というのは、想定として考えにくいことがわかります。

国会でこの点について質問された安倍首相は、「事実上の停戦合意が成立したが、正式な停戦合意になっていない段階で、その時点で日本の存立にかかわるような状況になっていれば、直ちに機雷を掃海する必要がある。そのための法制だ」と答弁しています。政府としては、戦時の機雷掃海は想定していないようなのですが、なんともあやうい想定です。

これについては、イランの駐日大使が日本政府に抗議しました。イランが機雷を敷設すると考えているのなら、そんな想定にはまったく根拠がない、と。7月23日にナザルアハリ大使が日本記者クラブで講演して、日本政府を批判しました。

安倍首相も衆議院の審議では積極的だったのに、参議院ではほとんど言わなくなりました。9月14日の参院特別委では、「今現在の国際情勢に照らせば、現実の問題として発生することを具体的に想定しているものではありません」と答弁しています。では、いったい衆議院での答弁は何だったのでしょうか。

◪核兵器も自衛隊が運搬可能？

ぶれた答弁ということでは、「核兵器の運搬もできる」というのがありました。

国際平和支援法と重要影響事態法は、後方支援で他国軍に提供できる物品・役務（他者のために行うサービスや労役のこと）として、補給、輸送、修理及び整備などを挙げています。

以前の周辺事態法には、

「物品の提供には、武器、弾薬の提供を含まない」

「物品及び役務の提供には、戦闘作戦行動のために発進準備中の航空機に対する給油及び整備を含まない」

という但し書きが付いていました。

この但し書きが今回、改正され、「物品の提供には、武器の提供を含まない」に変わったのです。

これによって、今まで通り武器の提供はできないものの、弾薬については提供できることになります。前はできなかった「戦闘のため発進準備中の他国軍機に対する給油・整備」もできることになります。

国会で取り上げられたのは、

「弾薬が提供できるとすると、核兵器も提供できるのか？　核兵器は武器なのか？　弾薬なのか？」

「輸送に関して制限はないのか？　武器も弾薬も輸送できるとすると、核兵器も輸送できるのか？」

といった問題です。

ここで中谷防衛相が、核兵器は弾薬に分類できる（武器ではない！）ので理論上は他国軍に提供できる、核兵器の輸送も可能だと答えたものだから、大騒ぎになってしまいました。

法律上、核兵器を提供できるといっても、そもそも日本には非核三原則があります。日本は核兵器を持っていませんし、核兵器の輸送にしても、そんな大事なものをよその国の軍隊に運ばせるわけがありません。でも、中谷さんが妙な答弁をしたものだから、みんな「ひょっとしたら」と心配になってしまったのです。

3章

「安保法制」と中国

——中国の脅威にどう対処するか

◪どうして、中国の脅威を説明に用いなかったのか？

ホルムズ海峡の機雷の話が非現実的なことは、政府もわかっていたはずです。では、何のためにこんな例を持ち出したのでしょうか。

実は、別の場所で機雷の除去を行う可能性があるのです。その場所とは、南シナ海です。南シナ海の南沙（スプラトリー）諸島では、中国が少なくとも七つの岩礁を埋め立て、人工島の建設を急ピッチで進めています。ファイアリークロス礁には３０００メートルの滑走路を造り、こちらはもう完成しました。スビ礁、ミスチーフ礁にも同様の滑走路を造ろうとしています。一部の岩礁に警戒レーダーや移動式の大砲を配備しているとみられ、軍事目的であることは明白です。中国自身、「必要な軍事防衛上のニーズを満たすもの」と言っています。

国連海洋法条約によれば、満潮時に水面下に沈む岩礁は島とは認められません。そんな岩礁を埋め立てたからといって、島になることもないのです。埋め立てて造成した人工島では領海は設定できませんが、中国はその周囲を領海だと主張しています。

問題点は大きく二つあります。

中国が埋め立てを進める南沙諸島

上は2014年2月、下は同年7月29日のジョンソン南礁
写真:共同通信

各国が管轄権を主張する境界線

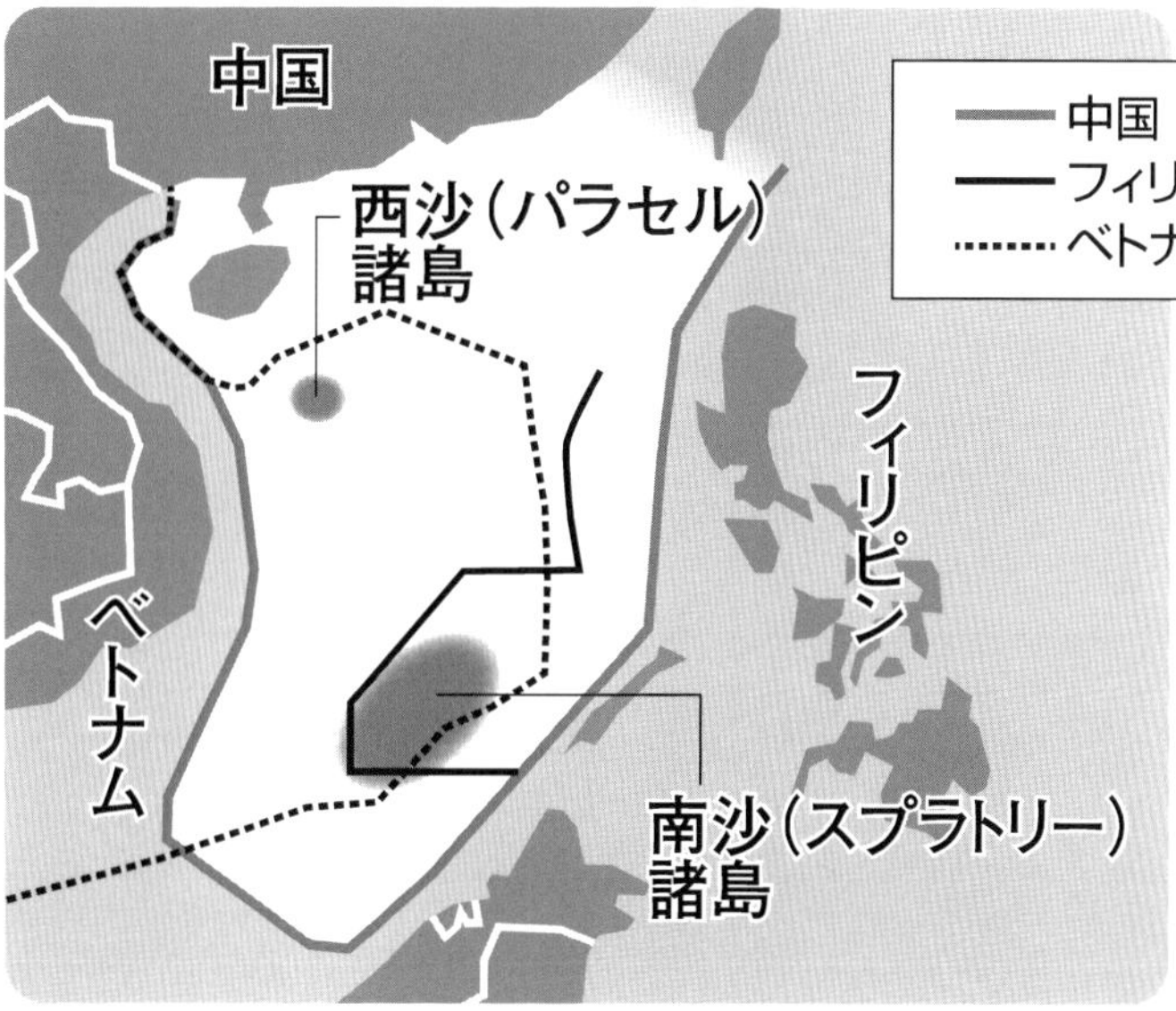

一つは、南沙諸島では南シナ海の沿岸国も領有権を主張していることです。フィリピン、ベトナム、マレーシア、台湾、ブルネイなどと争いがあり、帰属がはっきりしない中で中国は一方的に埋め立てを強行しました。しかも港湾や軍事施設があり、大型の滑走路が何本もできるとなれば、沿岸国としては不安になります。特にフィリピンは、かつて実効支配していたミスチーフ礁を力ずくで中国に奪い取られてしまったため、神経を尖《とが》らせています。

もう一つは、このあたりには東アジアと中東を結ぶシーレーン（海上交通路）が通っていて、中東から日本に石油や天然ガスを運ぶタンカーが四六時中、行き来していることです。公海であれば何の問題もありませんが、そこが中国の領海だということになると、自由に航行できなくなる恐れがあります。中国は以前から南シナ海のほとんど全部を自国の領域だと主張してきました。南シナ海のあちこちに中国の〝島〟ができれば、それらの〝島々〟を拠点にして、中国が本当に南シナ海の大半を支配することも可能になるかもしれません。

もちろん、沿岸の国々は中国の支配を望んでいません。懸念を強める沿岸諸国と中国との対立が激しくなっています。またアメリカも公海の自由航行は認められるべきだとして、中国の人工島建設を強く批判してきました。

◪アメリカが南シナ海の人工島周辺に軍艦を派遣

アメリカは、批判するだけでなく、行動に移しました。２０１５年10月には南沙諸島で中国が埋め立てた人工島の周辺12海里（約22キロ）の海域に米軍の軍艦「ラッセン」（横須賀港に配備）を航行させたのです。

陸地から12海里が領海。つまり中国が主張する「領海」内を、あえて航行させたのです。実は、他国の領海であっても、軍艦が航行することは可能です。これを「無害通航権」といいます。その国に対して敵意を示さず、自国の国旗を掲揚して通り過ぎるだけなら、できるのです。

もし潜水艦なら、潜航したまま入ってくると、「敵意あり」として攻撃されても文句は言えませんが、浮上して国旗を掲揚し、所属を明らかにすれば、無害通航権が認められるのです。

ただし中国には、その場合は事前に中国の了解が必要であるという国内法があります。これは世界でも異例です。こんな法律がなければ、アメリカの軍艦が「領海」を航行したことを、「無害通航権を行使しただけで、自国の領海に変わりはない」と言えたのですが、なまじ法律があるために、「領海」であることをアメリカに否定されるという事態になってしまいました。

これに対して中国は、軍艦2隻を送って、「ラッセン」を追尾したと言われます。しかし、「ラッセン」に接近することはありませんでした。

アメリカも、「ラッセン」1隻だけを航行させることで、中国との間に緊張を生まないように配慮しました。

アメリカは、今後も、この海域に3カ月に2～3回のペースで軍艦を航行させ、「ここは中国の領海ではなく、公海なのだ」と主張していく方針です。さらにアメリカ単独ではなく、今後はオーストラリアなどの同盟国に対しても、同じような行動を取るように働きかけていく方針です。

ということは、将来、日本の海上自衛隊に対しても、同様の航行を求めてくるかもしれません。

今回は、中国も自制しましたが、今後のことはわかりません。「面子《めんつ》を潰された」と考えた場合、中国の軍艦がアメリカの軍艦の行く手を阻《はば》む行動に出る可能性もあります。

となれば、これから南シナ海で軍事衝突が起こる可能性があります。その時に、周辺海域に機雷が敷設されるようなことがあれば、自衛隊が出て行って機雷を取り除くことも、選択肢として浮上するでしょう。

そう考えると、機雷の除去はホルムズ海峡よりも南シナ海の方が、ずっとリアリティーがあるのです。でも、国会の審議で「中国」や「南シナ海」という言葉が飛び交ったら、中国が激しく反発することは間違いありません。そこで政府は、中国を刺激しないように「ホルムズ海峡」の方を強調したのだろうと思います。

実際、衆議院の審議で安倍首相はほとんど中国に触れませんでした。参議院になってからですね、少しずつ言い始めたのは。

安倍首相が中国にあまり触れなかったのは、日中関係が改善に向けて急激に動き出したことも関係しています。

安倍首相が2013年暮れに靖国神社に参拝した後、日中は険悪な関係になりました。安倍さんとしては、そういうことはもう繰り返したくないので、中国には人を介して暗に「もう靖国神社には参拝しない」と伝えてあると言われています。

中国は中国で日本に急激に接近してきているので、日本にとっては韓国外しにちょうどいい。安倍さんの考えでは、韓国は相手にしないのが一番です。中国との関係さえ改善すれば韓国は自分から近づいてくるだろうから、韓国は放っておく。その戦略によって習近平国家主席と会談した途端、韓国が焦り出しました。11月には日中韓の首脳会談も開かれました。

日中関係が良くなり、安倍さんはせっかくのいいムードを壊したくなかった。それで中国を刺激するようなことを言うのは極力控えたのでしょう。

自衛隊が南シナ海で中国と戦うシナリオに現実味

南シナ海の話をもう少し続けると、今、アメリカと中国の関係が非常に緊張しています。9月初め、オバマ大統領がアラスカに行ったとき、ちょうどそのタイミングを見計らって中国海軍の軍艦5隻がアリューシャン列島のアメリカの領海を横切ったのです。

中国は中国で、「無害通航権」を行使したのですね。

今回、中国海軍は、この無害通航権に基づいてアメリカの領海を通りました。自分たちの力を誇示《こじ》しているというのか、非常に挑発的です。両国がこうした行動をとっていると、そのうちに南シナ海で不測の事態が起きないとも限らない。非常に危険な状況が生まれています。もしも中国軍とアメリカ軍が軍事衝突したら、日本は密接な関係のあるアメリカを助けなければならなくなるでしょう。

ましてや日本はこのところ、南シナ海との関わりを深めています。アメリカが財政難もあって、南シナ海のパトロールでは日本に協力を求めています。最近、海上自衛隊とフィリピン軍が合同訓練もしています。日本はもうすっぽり南シナ海にはまり込んでいるのです。

となると、不測の事態であり得るのは、フィリピン海軍と中国海軍の衝突です。十分あり得ます。その時はフィリピン海軍が非力ですから、アメリカ軍がフィリピンを助けに入ります。そこでアメリカ軍が中国軍と一戦交えることになったら、次は日本がアメリカを助けに入ることがあり得るわけです。

あるいは、公海の自由航行を掲げて南シナ海に出て行ったアメリカ軍と中国軍が軍事衝突する。この可能性もあります。

どちらにしても、そこはシーレーンが通る重要な海域ですから、石油や天然ガスを載せたタンカーの安全が脅かされ、日本にエネルギーが入ってこなくなるかもしれない。そうなれば、政府は「存立危機事態」だと判断して集団的自衛権を行使し、アメリカ軍の艦船を防護、結果的に中国海軍と一戦交えるというシナリオが現実味を帯びてきます。

ただ、その判断は非常に難しいですよね。日本経済の命脈が絶たれかねないからだという理屈を立てようとしても、日本には石油の備蓄がありますから。1年間仕入れが止まっても大丈夫なだけの備蓄があるので、一時的に輸入がストップしたとしても、果たしてそれを存立危機事態と言えるのかどうか。

さらに、集団的自衛権は行使しないけれども、「重要影響事態」だと判断して、アメリカ軍などに後方支援を行うというシナリオも考えられます。

◪尖閣諸島は、今回の法律で守れるか？

安保関連法案が国会で審議されているとき、「この法案が通らないと尖閣諸島が心配だ」「中国の脅威から尖閣諸島を守るための法案だ」という声が聞かれました。

中国は尖閣諸島の周辺海域に頻繁に船を送り込んで、領海侵犯させたり、すぐ近くを航行させたりして相変わらず強硬な態度です。日本がちょっとでも隙《すき》を見せたら占領されてしまうかもしれません。

尖閣諸島は日本の領土であり、日本として守らなくてはなりませんが、安保法案が尖閣諸島に関係があるかというと、これは明確に無関係です。

多くの人が、東シナ海の尖閣諸島で大事が起きたら、アメリカ軍が助けに駆けつけてくれるとか、アメリカ軍が率先して戦ってくれるとか思っています。それは違います。尖閣諸島は日本の領土である以上、そこで何かあった場合は、日本に対する侵略行為として日本が個別的自衛権を発動して戦うのです。アメリカ軍がすぐ来てくれるわけではないのです。

中国の方に尖閣諸島を奪おうという意思がある限り、あってはいけないことですが、尖閣諸島をめぐって自衛隊と中国海軍が一戦を交える可能性は常にあります。その時に、自衛隊が負けそうになったらアメリカが応援に駆けつけますよ、という話です。

アメリカだって「自分の国のことだろう。まず自分がやれよ」と当然、言いますよね。「まずおまえの国の兵隊が血を流せ。なんで我々が先に血を流さなければいけないんだ」ということです。日米安保条約があるので助けには行くけれども、まず自分たちの気概を見せろ、というのがアメリカのスタンスです。

多くの日本人が勘違いしているのではないでしょうか。尖閣諸島で武力衝突が発生したら、アメリカ軍が出動して中国軍と戦ってくれると思い込んでいます。だから心配することはない、と。それなら何のために自衛隊がいるの？という話です。日本の領土を守るための自衛隊なのだから、自衛隊員がまず戦って血を流すのです。領土を守るというのはそういうことです。

今回の安保法案は尖閣諸島の防衛とは何の関係もありません。安倍首相は安保法案と尖閣諸島を結び付けて、「東シナ海においては尖閣諸島周辺海域において中国公船による領海侵入が繰り返されています」などと何度も答弁していました。これは「尖閣諸島が危ない。だから安保法案が必要なんだ」と国民に思わせるための印象操作です。尖閣諸島は個別的自衛権の問題であって、日本が集団的自衛権を行使するかしないかという話（存立危機事態）とは関係ないのです。重要影響事態とも関係ないし、ＰＫＯ協力法も国際平和支援法もまったく別の話です。

ただし、日本が集団的自衛権を行使できるようになれば、アメリカが攻撃されたとき、日本が助けに入って武力行使をしますから、アメリカとの信頼関係が深まるということはあります。

アメリカとの信頼関係が深まって、いざという時にアメリカが本気になって日本を守ってくれる。だから中国に対して抑止力が高まるという面はあるかもしれません。

日米安保条約があっても安心はできない

尖閣諸島のことに触れたので、ここで二つほど付け加えておきます。

一つは、アメリカ議会の関与についてです。日本を助けるためにアメリカ軍が行動を起こすときは、「自国の憲法上の規定及び手続に従って」（日米安保条約第5条）出動します。これは要するに、議会の承認を得る必要があるということです。

日本がもし他国から攻撃されたら、アメリカ軍が日本を守ってくれることになっています。ただし、そこにはアメリカ議会の承認が必要となるのです。とりあえずは大統領が軍を動かしますが、その後は議会の了承を得なければなりません。

いまやアメリカは中国の最大の貿易相手国です。アメリカとしては中国をあまり刺激したくない。議会の議員たちの間に、そんな空気が生まれたら、さて、どうなるのか。

さらに言えば、オバマ大統領は日米首脳会談で、日米安保条約第5条は尖閣諸島を含む日本の施政下にあるすべての領域に適用されると述べました。尖閣諸島が日本の固有の領土だとは言っていません。どこの国の領土だということには触れないで、「日本の施政権下にある」、つまり日本の統治が及んでいるから守るんだとしか言っていない。

どちらの領土かということには関与しないのがアメリカの立場です。ということは、中国が尖閣諸島を占領した途端、中国の統治下に入ってしまうので、アメリカ軍は手が出せないということになるかもしれない。そういう理屈が付けられるわけです。その場合は、日本として個別的自衛権で戦って取り返すしかありません。

4章

「安保関連法」はアメリカの言いなり？

——国際社会での信頼について

◪「アーミテージ・ナイ報告書」の対日要求

今回の安保関連法には、実はタネ本がありました。それが、『日米同盟――アジアの安定をつなぎとめる』という報告書。『アーミテージ・ナイ報告書』と呼ばれています。

安保関連法の主要部分は、ほとんどが『アーミテージ・ナイ報告書』の対日要求に沿ったものなのです。

リチャード・アーミテージ*と**ジョセフ・ナイ***はいわゆる知日派。日本が大好きで、日本のためなら何でも協力を惜しまないという人たちです。共和党ブッシュ（息子）政権時代に国務副長官を務めたのがアーミテージ、ナイはもともと国際政治学者で、民主党のカーター政権時代に国務副次官、クリントン政権時代に国防次官補を務めました。その二人が超党派で２０００年、07年、12年と3次にわたって発表した日米同盟に関する政策提言書が『アーミテージ・ナイ報告書』です。

＊＝Richard Lee Armitage（１９４５年〜）。アメリカ合衆国の軍人、政治家。知日派として、日本や東アジア全般の安全保障に関する発言が注目を集める。

＊＝Joseph Samuel Nye, Jr.（１９３７年〜）。アメリカ合衆国の国際政治学者。ハーバード

大学特別功労教授。

２０１２年８月に第３次報告書が出たときは、日米関係や防衛関係者の間では話題になりましたが、一般にはそれほど知られていません。

二人は民間人として報告書を発表しているので、その内容が直接、安倍政権を拘束することはありません。しかし、二人ともアメリカ政府に強い影響力を持っているので、報告書がアメリカの政策に反映され、アメリカ側の意向として安倍政権に伝えられるということは当然あったでしょう。

「平時から戦争まで、米軍と自衛隊が全面協力をするための法制化を行うべきだ」という同報告書の対日要求は、「あらゆる事態を想定し、切れ目のない備えを行う法整備が不可欠」（安倍首相）という安倍内閣の安保政策として結実しました。

報告書で「集団的自衛権の禁止は日米同盟の障害だ」とされた箇所は、集団的自衛権の行使容認として実現しました。

報告書に「ホルムズ海峡を封鎖するというイランの意思表示に対して、掃海艇を派遣すべきだ」とあるのは、安倍首相が集団的自衛権を行使する代表的な例として挙げたものと一緒です。

「航行の自由を保障するために、米国と協力して南シナ海の監視を増やすべきだ」も、安倍政権が今まさにやろうとしていることです。

ＰＫＯ協力法の「駆けつけ警護」や「安全確保業務」のことも出てきます。「ＰＫＯを充実させるため、武力で一般人や他の平和維持隊を保護することが必要だ」と報告書は日本に求めています。

「日米間の機密情報を保護するため、防衛省の法的能力を向上させるべきだ」は、特定秘密保護法という形で早々と達成されました。

このように、超党派、つまり共和党、民主党の両方で一緒になって日本に求めていたいろいろなことが、今回、全部その通りになっています。安倍政権がやっていることは、実は全部アメリカから出された宿題に応えたものでした。

その内容を、さらに詳しく見てみましょう。驚きますよ。日米の軍事的な安全保障に限らないテーマが盛り込まれているのが特徴です。「エネルギー安全保障」、「経済と貿易」、「近隣諸国との関係」についてまで言及しています。

「エネルギーと安全保障」では、日本の原子力発電所の稼働再開を求め、「経済と貿易」では、ＴＰＰ（環太平洋戦略的経済連携協定）の締結を迫っています。

さらに「近隣諸国との関係」では、日本と韓国の間の「歴史問題」の解決に努力するように求めています。どうですか、最近の安倍内閣がいずれも取り組んでいることばかりです。もちろん、他国から言われるまでもなく、日本が取り組むべきテーマばかりですが、すでに２０１２年の段階で、日本政府に伝えられていたのです。

このうち日本への提言９項目を紹介します（海上自衛隊幹部学校第１研究室の井上高志氏のまとめによる）。

日本への提言（９項目）

（１）原子力発電の慎重な再開が日本にとって正しくかつ責任ある第一歩である。原発の再稼働は、温室効果ガスを２０２０年までに25％削減するという日本の国際公約を実現する唯一の策であり、円高傾向の最中での燃料費高騰によって、エネルギーに依存している企業の国外流出を防ぐ賢明な方策でもある。福島の教訓をもとに、東京は安全な原子炉の設計や健全な規制を促進する上でリーダー的役割を果たすべきである。

（2）日本は、海賊対処、ペルシャ湾の船舶交通の保護、シーレーンの保護、さらにイランの核開発プログラムのような地域の平和への脅威に対する多国間での努力に、積極的かつ継続的に関与すべきである。

（3）環太平洋戦略的経済連携協定（ＴＰＰ）交渉参加に加え、経済・エネルギー・安全保障包括的協定（ＣＥＥＳＡ）など、より野心的かつ包括的な（枠組み）交渉への参加も考慮すべきである。

（4）日本は、韓国との関係を複雑にしている「歴史問題」を直視すべきである。日本は長期的戦略見通しに基づき、韓国との繋がりについて考察し、不当な政治声明を出さないようにするべきである。また、軍事情報包括保護協定（ＧＳＯＭＩＡ）や物品役務相互提供協定（ＡＣＳＡ）の締結に向けた協議を継続し、日米韓３カ国の軍事的関与を継続すべきである。

（5）日本は、インド、オーストラリア、フィリピンや台湾等の民主主義のパートナーとともに、地域フォーラムへの関与を継続すべきである。
（6）新しい役務と任務に鑑み、日本は自国の防衛と、米国と共同で行う地域の防衛を含め、自身に課せられた責任に対する範囲を拡大すべきである。同盟には、より強固で、均等に配分された、相互運用性のある情報・監視・偵察（ＩＳＲ）能力と活動が、日本の領域を超えて必要となる。平時（peacetime）、緊張（tension）、危機（crisis）、戦時（war）といった安全保障上の段階を通じて、米軍と自衛隊の全面的な協力を認めることは、日本の責任ある権限の一部である。
（7）イランがホルムズ海峡を封鎖する意図もしくは兆候を最初に言葉で示した際には、日本は単独で掃海艇を同海峡に派遣すべきである。また、日本は「航行の自由」を確立するため、米国との共同による南シナ海における監視活動にあたるべきである。
（8）日本は、日米2国間の、あるいは日本が保有する国家機密の保全にかかる、防衛省の法律に基づく能力の向上を図るべきである。

（9）国連平和維持活動（ＰＫＯ）へのさらなる参加のため、日本は自国ＰＫＯ要員が、文民の他、他国のＰＫＯ要員、さらに要すれば部隊を防護することができるよう、法的権限の範囲を拡大すべきである。

これには愕然《がくぜん》としますね。「なんだ、結局はアメリカの言いなりなんだな」というのが正直な気持ちです。

◪湾岸戦争での日本の評価。血と汗なしでは、貢献が認められなかった

アメリカの言いなりと言えば、２００１年に米同時多発テロ（９・11）が起きてアメリカが報復攻撃を始める際、日本も協力を求められ、小泉内閣が素早くこれに応じたことが思い出されます。日本はアフガニスタン戦争の後方支援を行うことを決め、テロ対策特別措置法を作って自衛隊をインド洋に派遣しました。この時、「ショー・ザ・フラッグ（Show the flag!）」という言葉を使って日本に行動を促したとされるのが先ほどのアーミテージ氏です。

「ショー・ザ・フラッグ」は「立場を鮮明にしてほしい」（ベーカー駐日米大使・当時）、つまり日本として何をするのかはっきりさせてほしい、ぐらいの意味ですが、当時は「国旗を見せろ」「日の丸を見せろ」などと訳されました。アメリカの協力要請に応じなければ日米同盟は持たないという危機感から、小泉内閣は法案成立を急いだのです。

さらにさかのぼれば、湾岸戦争に行き着きます。ここでの日本外交の〝失敗〟が一種のトラウマとなって、日本はアメリカの要請に積極的に応える姿勢を鮮明にしていきます。

湾岸戦争では、アメリカから「多国籍軍に日本も加われ」という圧力がかかりました。でも、自衛隊は日本の国を守るものであって、ほかの国の戦争に参加するものではないと日本政府は主張し、軍事的な協力は拒否しました。

その代わり、日本は二度に分けて多国籍軍に90億ドルと40億ドル、合計130億ドルという多額の資金援助をしたのです。当時の為替レートで約1兆7千億円という大変な金額です。

しかし、アメリカの政界では、「多国籍軍の若者たちが血を流しているときに、湾岸の石油で大きな利益を受けている日本が資金だけを出して済ますのか」という批判が起きました。

1991年1月17日に始まった戦争は1カ月半ほどで終結し、湾岸戦争は多国籍軍が勝利します。その直後、クウェートは祖国を解放してくれた世界の人々に感謝の気持ちを表明するため、「ニューヨーク・タイムズ」「ワシントン・ポスト」などアメリカの主要な新聞に広告を出し、支援してくれた国々の名前を挙げました。それにはアメリカ、イギリス、フランス、サウジアラビアなど主な支援国の11の国旗がはためき、その下に計30の国名が記されています。ところがその中に日本は入っていませんでした。日本と同様、軍事的協力を断ったドイツは入っていたのに。

この扱いには日本政府も国民も強い衝撃を受けました。当時、国内では「130億ドルもの援助をしたのになぜ感謝されないのか」「湾岸戦争では日本も敗者ではなかったか」という議論が起こりました。

「自衛隊は出さなかったけれども世界で一番金を出したのは日本。それなのに感謝されないのは一体どういうことだろう。それは、血を流すことも、汗を流すことも嫌だ。金で解決しようという考え方がいけないのではないか」

これがきっかけで、日本は金も人も出すという方向へ大きくシフトすることになります。

その年の4月末、政府は海上自衛隊の掃海部隊をペルシャ湾に派遣して湾岸戦争後に残された機雷の除去を行いました。さらに、自衛隊を海外に派遣させる仕組みについて議論を行い、1992年6月、国連平和維持活動協力法（通称「ＰＫＯ協力法」）を成立させました。

諸外国の見方は？

今回の安保法制について、アメリカ政府は歓迎の意向を示しています。それはそうですよね。共和党、民主党の知日派が超党派で日本政府に整備を求めてきた内容が成立したのですから。

また、ベトナムやインドネシアなど、中国の脅威にさらされている国々は、「地域の安定に寄与するものである」と高く評価しています。

一方、中国は警戒・反発しています。関連法成立の直後、中国外務省の報道官は、「日本は専守防衛政策と戦後の平和発展の歩みを放棄するのかとの疑念を国際社会に生じさせている」（産経ニュース9月19日）と批判しています。そもそも中国は、日本に対して「軍国主義の道を進んでいる」などと批判してきましたが、こういうときだけは「戦後の平和発展の歩み」という表現を使います。つまり、日本が軍国主義の道を進んでなどいないことを、こういうときだけ認めているのです。

また、中国共産党の機関紙『人民日報』系の国際情報紙『環球時報』は、この法律が成立したことで、今後、日本政府が自衛艦を南シナ海に派遣する可能性があると分析しています。

これに対して、韓国政府は批判を避けつつも、懸念を示しました。日米同盟が軍事的に強化されることは、北朝鮮の脅威にさらされている韓国にとってプラスになると理解していますが、日本が朝鮮半島への関与を強めることへの本能的な反発があるからです。韓国外務省は9月19日、日本の今後の安保政策について、「日本政府が戦後一貫して維持してきた平和憲法の精神を堅持しながら地域の平和と安定に寄与する方向で、透明度をもって推進していく必要がある」（産経ニュース9月19日）との見解を示しました。どうも、こういうときだけ「日本政府が戦後一貫して維持してきた平和憲法の精神」などと、日本を評価した表現を使い、それを忘れるな、と釘を刺すのです。

また、日本の集団的自衛権の行使に関し、「朝鮮半島の安保や韓国の国益に関連した事案では、韓国の要請または同意がない限り容認できない」（産経ニュース同日）と付け加えました。朝鮮半島情勢に日本が関与したり介入したりすることを恐れていることがわかります。

5章 政治運動の新潮流が起きた

——若者による反対運動

◪新聞論調も二分された

今回の報道では新聞論調が二分されました。安倍政権の安保法案に反対するのが朝日新聞、毎日新聞、東京新聞、賛成するのが読売新聞と産経新聞、日経新聞とはっきり分かれました。

主張や社説がそれぞれ異なるのはいいのですが、社の論調に合わせて、取材する出来事、ファクトまで選別されてしまったなという印象があります。安保関連法案に反対の主張をしている新聞社は反対運動ばかりを取り上げ、賛成の人の意見や動きはあまり取り上げない。一方で、賛成の新聞社は反対運動を取り上げない。だから国会前の激しいデモのことは、読売、産経を読む限り、ほとんど出てきません。

特に読売新聞は徹底していました。ほぼ無視です。ようやく取り上げたのが8月31日。前の日に国会前でそれまでで最大規模のデモがあり、主催者発表で12万人、警察発表で3万3千人が集まりました。この日は民主、共産、社民、生活の4党首もスピーチをしています。朝日、毎日、東京がこれを1面で取り上げたのに対し、読売は34面に小さく載せただけ。しかも、新宿区内で開かれた賛成派500人（主催者発表）のデモと並列の扱いでした。12万人の反対デモと500人の賛成デモを並列にする感覚には驚かされます。

12万人の反対デモと500人の賛成デモを並列に報道

安保法案「反対」「賛成」デモ

土日の国会周辺や新宿

国会前で行われた安保法案反対のデモに集まった人たち（30日午後、東京都千代田区で）

参院で審議中の安全保障関連法案に反対する最大規模のデモが30日、国会周辺であり、参加者らは「廃案にしよう」と訴えた。一方、29日には東京都内で法案に

門前などで太鼓のリズムに合わせ、「戦争させない」「集団的自衛権はいらない」などと声をそろえた。民主、共産など野党4党首もスピーチをした。

「安保賛成」と訴えながら行進する参加者(29日、東京都新宿区で)

している。国民の声を少しでもくみ取ってほしい」と話した。参加者は主催者発表で12万人。警察関係者は約3万3000人としている。主催者によると、同様のデモが全国300か所以上であったという。

賛成派のデモは29日午

性会社員(43)は、「法案の中身を正しく知らないで反対している人が多い。今のままでは国を十分に守れない」と訴えた。

デモ参加中に暴行　容疑の男2人逮捕

国会前での安全保障関連法案反対デモに参加して機動隊員に暴行したとして、警視庁麹町署は30日午後、いずれも60歳代の東京都内と神奈川県内の男2人を公務執行妨害容疑で現行犯逮捕した。

同署幹部によると、都内の男は、千代田区永田町の歩道で交通整理中の機動隊員を殴り、神奈川県の男は機動隊員の指示に従わず、肩を押した疑い。2

読売新聞 2015年8月31日

産経新聞（電子版）で驚いたのは、これは別の日の国会前デモですが、安倍首相への批判をヘイトスピーチと呼んでいたことです。確かに反対デモでは「安倍は辞めろ」などと激しい言葉を使います。しかし、一国の政治家に対して反対派がいろいろ言うのは言論の自由であって、それはヘイトスピーチとは性格が違います。ヘイトスピーチというのは、国籍や民族などに焦点を当てて差別的なことを言うこと。安倍首相批判をそれと同列に扱うのは、これまたどういう感覚なのでしょうか。

東京新聞は法案に反対の話ばかりで、賛成の話はほとんど出てきませんでした。朝日新聞の場合、**記事取り消し問題***でいろいろあったせいか、賛成の意見もそれなりに取り上げていました。以前の朝日なら、反対論で埋め尽くしていたはずですが、最近は賛成論もちゃんと載せています。多様な意見を紹介しようという意図が見えます。

＊＝朝日新聞による慰安婦報道の取り消し。2014年8月5日、朝日新聞は慰安婦問題に関する「慰安婦問題を考える」・「読者の疑問に答えます」と題した検証記事を掲載し、5日付記事『「済州島で連行」証言 裏付け得られず虚偽と判断』で、文筆家吉田清治氏による、朝鮮人女性を強制連行したという、いわゆる「吉田証言」は虚偽だと判断し、1982年9月

２日大阪本社版朝刊社会面の吉田氏の記事初掲載から、吉田証言に関する16本の掲載記事（後に２本追加）を取り消した。

これはフォーラム機能といって、社の見解は見解として、世の中には多様な意見があるわけですから、いろいろな意見をなるべく紹介しようではないかということです。たとえば９月23日付の「声」には、海兵隊を本土に移すべきだという沖縄の人やデモに参加した法案反対の女性の投書と並んで「安保法制の整備はやむを得ない」という投書が載っていました。「日本国憲法の第９条がこれまで果たした役割は大きかったと思うが、複雑な国際情勢は９条があれば解決するという状況にはない」と書いてあります。こういう投書が朝日新聞に載っているのです。なるべくバランスを取ろうと努力しているのがわかります。

昔はどの新聞も題字を隠したら区別がつかないと言われるくらい、みんな同じような記事ばかりでしたが、この集団的自衛権と安保関連法案に関しては、本当にはっきり分かれています。

それぞれの新聞社は民間企業ですから、何を言ってもいいわけです。何を書いても自由ですが、社説と客観的な報道は、本当ははっきり分けなければいけないはずです。いくら法案賛成の論調になっている新聞社であっても、反対デモがあれだけ大勢の人を集めたのであれば、それはそれできちんと伝えるべきです。一方で、反対の新聞社であっても、賛成論者もいるのですから、だったら賛成論者はどういう根拠で賛成しているのかということをきちんと報道して、読者に判断材料を与えることが必要ではないでしょうか。

そういう意味で読売新聞の態度は極端でした。反対論はほとんど出てこない。産経新聞はそれでも、たまに取り上げていました。産経の方が法案反対の動きや反対論者の発言も紹介していて、読売よりはバランスが取れた紙面構成にしようという努力が感じられました。憲法学者の木村草太氏（首都大学東京准教授）の論考も載せました（9月18日付）。木村さんは集団的自衛権の行使は違憲であると主張し続けている人です。

◪記事のファクトが信用できなくなった

これだけ社によって論調が違い、ファクトの扱いも違うとなると、何が起きていてどうなんだろうというのは、複数の新聞を読まないとわかりません。本当はそれでは困るのです。

少なくともファクトについては、どの新聞を読んでもわかるということでないとおかしい。それには社説や社の主張と一般の記事ははっきりと分けなければいけないはずです。そして新聞社としては、やはり多様な意見を載せるべきだろうと思います。日経新聞は、社論としては賛成の態度を打ち出していますが、それほど強硬ではなく、いろいろな意見を載せるということを、小さくやっていました。そこはやはり経済の新聞だということでしょうね。

衆参両院での採決を各紙がどう報じたのか見てみましょう。

まず衆議院ですが、朝日新聞7月16日付朝刊の見出しは「安保採決、自公が強行　特別委で首相『理解進んでいない』　きょう衆院通過へ」。安保法案を審議する特別委員会で強行採決が行われ、それを受けて衆議院通過が確実となったので「通過へ」となっています。同じ日の毎日新聞朝刊は「きょう衆院通過　本会議、野党は欠席へ　『強行採決、許し難い』」。「強行採決、許し難い」は、維新の党・松野代表のコメントを使っています。

朝日や毎日は特別委の採決を「強行」と表現していましたが、読売の記事にそういう言葉はありません。17日付朝刊の見出しは「安保法案、衆院通過　集団的自衛権容認　戦後の政策転換　今国会成立へ」。参議院での審議がどうなろうと今国会での成立は確実だというトーンです。

新聞社によって違う論調

安保採決 自公が強行

きょう衆院通過へ

特別委で首相「理解進んでいない」

国会前 深夜抗議

朝日新聞 2015年7月16日

安保法案 衆院通過

集団的自衛権 容認

戦後の政策転換 今国会成立へ

5野党 採決不参加

読売新聞 2015年7月17日

その参議院は、9月17日に特別委、19日未明に本会議で採決が行われました。19日付朝刊各紙の見出しを並べてみました。

朝日「安保法、成立へ　海外で武力行使に道　自公、違憲批判押し切る
　国会前やまぬ『反対』」
毎日「安保法案成立へ　平和国家の転換点　集団的自衛権可能に」
東京「戦後70年『戦える国』に変質　安保法案成立へ　憲法違反の疑い」
読売「安保法案成立へ　参院未明の採決　集団的自衛権可能に」
産経「安保法案成立へ　参院、未明の採決　内閣不信任案など否決」
日経「安保法案成立へ　集団的自衛権行使可能に　戦後政策の大転換
　野党、違憲と批判」

各紙とも「成立へ」としているのは、採決が午前2時過ぎだったので朝刊の締切りに間に合わなかったからです。

一番強烈なのは東京新聞ですね。同紙は憲法9条の条文を囲みで掲げ、脇に「不戦の意志貫こう」の見出しを置きました（論説）。写真は国会前の集会で反対を訴える人たちを載せています。

安保法成立を伝える見出し

戦後70年「戦える国」に変質

安保法案成立へ

集団的自衛権 可能に

憲法違反の疑い

憲法第九条

東京新聞 2015年9月19日

朝日も違憲・反対を強調し、毎日は「安倍政権、強行重ね」と付け加えました。

淡々と報じているのが読売と産経。読売は「防衛政策　歴史的転機」「民主　演説2時間　議事妨げ」の見出しを加え、産経は「中国の脅威へ抑止力強化」というコラムを載せて、それぞれ賛成の立場を明確にしました。

賛成の立場の日経は、それでも記事本文に賛成・反対両方の立場に配慮した書き方をしています。

◪反対運動の新潮流！
SEALDsの誕生

国内で起きた大規模な反対運動は、海外

のメディアからも注目を集めました。静かだった日本人も反対に立ち上がったというところが、彼らの目を引いたようです。ウォールストリート・ジャーナル（アジア版）が学生団体の「ＳＥＡＬＤｓ（シールズ）」を1面で取り上げたほか、ニューヨーク・タイムズ、ワシントン・ポスト、イギリスのフィナンシャル・タイムズやガーディアンなどの電子版がデモの様子を報道しました。

これまでは反対運動といっても一部の人たちに限られていたのに、高校生や大学生が動き出した。日本人はおとなしいと言われ、国会前の大規模な抗議集会なんてずっと開かれていなかったのが、最近、ちょっと変わった。「日本も普通の民主主義国なんだよね」と受け止められたということです。

海外メディアは結構、好意的に報じていました。というのは、政府の方針に反対だと思ったら、街頭へ出て反対運動をするのは民主主義国においては当たり前のことだからです。別に特別なことでも何でもない。集会を開いたり、デモ行進をしたりするのは、民主主義国では権利として認められています。

アメリカだってヨーロッパだって政府のやり方に批判があれば、すぐ集会やデモが開かれます。ギリシャでもそうです。「デモをしたからといって世の中は動かせない。だから意味がない」と言う人がいますが、それぞれの人が自由に意思表示できることが、やはり大事だと思うのです。

原発再稼働のときに、毎週金曜日の夜、国会前集会が行われました。あの集会がジワジワ広がって、今回の安保法案反対で大きく拡大し、幅広い層の人たちが参加するようになったと言われています。特に若い人たちが自らの問題として政治や安全保障のことを考えるようになった。そのきっかけを作ったというのは、いいことではないでしょうか。若者の政治に対する関心が高まったことは、意見の内容はどうあれ、望ましいことだと思います。

その中で一躍名前を知られるようになったのが「ＳＥＡＬＤｓ（シールズ）」です。正式な名前は、「自由と民主主義のための学生緊急行動」。明治学院大学の学生たちがツイッターで呼びかけたところ、いろいろな大学の学生たちが集まってきて、そこから始まったということです。急に現れたような印象がありますが、基本的には自然発生的な運動です。共感する人たちが増えるにつれて民主党、共産党など安保法案に反対する政党がすり寄って行きましたね。様々な政治組織にしてみれば、学生や若者たちの人気・パワーを利用したい、あるいは自分たちの組織拡大に役立てたいということでしょう。

彼らの運動がユニークなのは、抗議行動の仕方が従来とまったく違うことです。昔なら幟《のぼり》を立てて、みんなでシュプレヒコールを上げてというやり方でした。今回も労働組合などは参加者の多くが中高年で伝統的な手法での反対運動をしていましたが、それとはまったく違う若い世代が、ラップ調で代わる代わる戦争反対を叫んだり、「民主主義って何だ」と呼びかけたりしていました。

また、「アベ政治を許さない」という俳人の金子兜太《とうた》さんの書をネットからダウンロードして、それをプリントアウトして掲げるという光景が全国各地で見られました。高校生のデモでは「とりま廃案」という言葉が話題になりました。「とりま」は「とりあえず、まあ」の略なのだそうです。２０１５年の「流行語大賞」の候補にも選ばれました。

このように、若い人たちの運動は、従来の型にはまった、それこそ拳を突き出して「安保関連法案を粉砕するぞー」と唱和するようなスタイルとは一線を画しています。だからこそ、今までデモに一度も参加したことのなかったようなごく普通の人たちまでがデモの列に加わったのでしょう。

日本の将来を考えたとき、いちばんそれに関係するのは若い世代、今の10代、20代です。60代、70代のじいちゃん、ばあちゃんが決めてもしょうがない。まして２０１６年の参議院選挙から18歳、19歳の有権者が投票できるようになります。

さあ、この時に彼らがどんな投票行動を取るのか、あるいは投票率がどうなるのか、ということが注目されるところです。

参議院選挙は、日にちはまだ決まっていませんけれども、7月10日、17日、24日投開票のどれかになることは間違いありません。投票日までに18歳になっていれば投票できます。新たに誕生する有権者は約２４０万人。その中には保守的な若者やいわゆるネトウヨの若者も多いと言われる一方、こうやって安保法案反対の声を上げる人たちもいる。果たしてこれらの票はどんな動きを見せるのでしょうか。

民主主義って、何だろう？

戦後70年を迎え、とりわけ民主主義とは何だろうということを非常に考えさせられた２０１５年の夏でした。安保法案は衆議院でも参議院でも可決されました。「強行採決をした」と報じる新聞、単に「採決した」と報じる新聞といろいろですが、結局、最後は多数決で決めるわけです。だから多数決で物事を決めるのは民主主義なのです。そういう意味で言えば、安保関連法が民主主義的なルールで決まったこと、これは否定できません。

でもその一方で、多数決なら何でも決めていいのかということになれば、国会で審議する必要はなくなってしまいます。最初から自民党と公明党で多数の議席を持っていれば、思いのままに決められますから。思いのまま決められるけれども、そこはそうしないで、じっくりと国会で審議する時間を取る。いわゆる熟議ですね。じっくり議論をする。それもまた民主主義の大事なルールなんだということです。建前としては、その議論の中で法案の問題点が明らかになったときは、そこで修正されることもあるわけです。実際はそんなことはあまりないのですが、でも、たまにはある。そういうことも含めての民主主義です。

でも、そうは言っても、多数の議席を持つ与党が「決める時は決めるんだ。審議は尽くされた」と言って採決に持ち込んでしまえば、これは野党がいくら抵抗したところでお手上げです。つまり、選挙で大勝すれば何でもできるのです。安倍さんがこの前の選挙で勝って衆議院で3分の2の議席を確保した段階で、国民が任期付きの独裁を認めたということでもあるのです。総理大臣がやりたいことをやれるようにする。選挙にはそういう面もあります。

国民としてみれば、衆議院議員の任期は4年です。その前に解散があるにしても、最大4年の任期中、とりあえずお任せしますよ、やりたいことをやってくださいよという許可証を選挙で総理大臣に与えたということでもあります。その意味では、期限付きの独裁政権を容認するのが民主主義と言えなくもない。アメリカの大統領でも、国民は4年間、絶大な力を与えるわけです。もちろん、三権分立でそれに対する歯止めはありますけれども。

本当の独裁政権とどこが違うかというと、本当の独裁政権には任期がない。期限がない。独裁者は永遠に権力を握り続ける可能性があります。そういうことのないように、任期を決め、期限を区切る。そして、トップに審判を下し、失格だとなったら、もう一度選挙で新しいトップを選び直すというのが民主主義なのではないか。

しかし、それだけだとお任せ民主主義になってしまいます。その時に、国民の様々な意見や世論をどうやって政治家たちに伝えていくのか。選挙でトップを代える以外に、メディアを通じていろいろな意見を伝えるということもあれば、街頭に出てデモや集会で自分たちの意見を伝えていくこともある。これもまた民主主義の重要な一面なのだと思うのです。

◪参議院本会議の採決を引き延ばせば、法案成立を阻止できた？

衆議院で3分の2の議席を押さえていることが安倍政権の力の源です。参議院本会議の採決で生活の党の山本太郎共同代表が一人で牛歩をしました。しかし、同調する動きはありませんでした。もしあそこで民主党が**牛歩戦術**[*]を取っていたら、大型連休前の採決はできず、法案成立を阻止できたのではないかと思った人は多いと思います。

＊＝議会内での投票の際、呼名された議員が故意に投票箱までの移動に時間をかける行為である。牛の歩みのようにゆっくりと移動することからこの呼び名がある。少数派が議院規則の範囲内で議事妨害を行う手段の一つとして用いられる。日本では与党の強行採決を阻止する形で野党が使うことが多い。

しかし、所詮それは無駄な抵抗なのです。憲法には「60日ルール」という規定があります（第59条）。衆議院が採決をしてから60日以内に参議院が否決・可決の判断をしないときは、改めて衆議院が3分の2以上の賛成で可決すれば成立するのです。60年安保のときは条約の批准だったので30日ですが**（第60、61条）**[*]、普通の法律の場合は60日です。

＊＝憲法第60条　予算は、さきに衆議院に提出しなければならない。

② 予算について、参議院で衆議院と異なった議決をした場合に、法律の定めるところにより、両議院の協議会を開いても意見が一致しないとき、又は参議院が、衆議院の可決した予算を受け取った後、国会休会中の期間を除いて三十日以内に、議決しないときは、衆議院の議決を国会の議決とする。
憲法第61条　条約の締結に必要な国会の承認については、前条第二項の規定を準用する。

参議院では、特別委や本会議の採決の時点で、すでにこのルールの適用が可能でした。もし野党が牛歩をしてとことん抵抗すれば、自公はさっさと衆議院で再可決して法案を成立させたでしょう。

ただし、それをやると参議院の存在価値がなくなるのです。参議院にとっては自殺行為です。ですから参議院は、与野党を問わず、口には出さないけれども60日ルールが適用される前に判断を示そうということで合意ができていました。山本議員だけは、そんなことにはお構いなしに牛歩をしましたけれども。参議院では党派を超えて暗黙の了解があった、つまり最初から勝負はついていたのです。

その代わり民主党としては、ここで徹底的に自民党を叩いておけば、２０１６年の参議院選挙で自民党の議席を減らすことができるという読みがあります。与党の議席を減らして、参議院で何とかして過半数割れに追い込みたい。そうすると何が起きるのか。

自衛隊を派遣するには**国会承認**＊という手続きが必要です。たとえば、新しく作られた国際平和支援法の場合、自衛隊が海外に出ていくときは、必ず国会で事前の承認を得ることになっています。例外は認められません。したがって参議院で与党が過半数割れしていれば承認されないのです。国会承認がなければ自衛隊は派遣できません。そういう形で安保関連法を実行できないようにすることが可能です。それをこれから訴えていくと言っています。

とはいえ、もちろん、衆議院では再可決をすれば承認ということになりますが、「参議院で認められないかもしれない」ということになると、それなりの歯止め効果はあるでしょう。

＊＝存立危機事態において、集団的自衛権を行使して自衛隊を派遣する場合は、原則として国会の事前承認が必要（緊急時は事後承認）。重要影響事態で自衛隊を後方支援に派遣する場合も、同様の事前承認が必要となる。

もちろん安倍首相は参議院でも3分の2議席確保を目指しており、3分の2を目指すからこそ、おおさか維新の会の橋下《はしもと》徹氏に秋波《しゅうは》を送っているのです。

一方、SEALDsは参議院選挙に向けて「賛成議員は震えて待て」という言い方をしていますね。いよいよ18歳選挙権が始まります。「高校生、大学生みんなこぞって選挙に行こう。自民党、公明党の候補を落とそう」という運動をやるでしょう。それがどういう動きになっていくのか注目です。

◢安保関連法は憲法違反で訴えられる

違憲訴訟も今後の注目ポイントの一つです。憲法学者の圧倒的多数が安保関連法は憲法違反だと考えています。そういう人たちが、これから違憲訴訟を起こす動きを見せています。

ところが、日本には憲法裁判所はありません。憲法裁判所のある国では、憲法違反の疑いがある法律ができると直ちに憲法裁判所に訴えることができます。そこで憲法違反かどうかを審査して、違憲・合憲の判断を下すことができるのです。

日本の場合はそもそもそういう仕組みがないので、誰かが「これは憲法違反の法律だから廃止してほしい」と裁判所に訴えても、訴えの利益がないとして却下されてしまいます。訴える人が法律によって具体的な損害を受けたときに、初めて訴訟として受理される仕組みです。

今、憲法学者の小林節さんが「平和に暮らす権利が侵害される」として訴訟を起こす準備をしているそうです。安保法は9月30日の公布から半年以内に施行されるので、施行されたらすぐに訴えるのでしょう。でも、これはかなり無理筋ですね。本当に個別に不利益を被った人が訴えるのでないと、そもそも訴えが受理されない可能性が高いのです。

あくまで仮定の話ですが、国連ＰＫＯで南スーダンに派遣されている自衛隊員が、この法律に従って駆けつけ警護を実施して、それによって負傷する、あるいは死亡するということがあった場合、その家族や遺族が「憲法違反の法律によって夫はこんな目に遭った。国は責任を取るべきだ」という訴訟を起こすかもしれません。そういう場合に、初めてその法律は憲法違反かどうかが問えるということです。

南スーダンでなくても、今度の法律を根拠として自衛隊員が何かの任務に就き、そこで死傷者が出たりすると、その自衛隊員の妻や親が「夫またはうちの子を、そんな危険なところに行かせる法律は憲法違反だ」と訴えれば、これは裁判所として審理に入れるということです。日本はそういう仕組みになっています。

◪最高裁判所は違憲判決を下すか？

起こってほしくないことですが、仮にそういう悲劇的な事件が本当に起きてしまい、訴訟が起こされたとしましょう。その場合、最高裁判所は憲法違反という判決を下すでしょうか。

これはなかなか微妙だと思います。実は統治行為論というのがあって、裁判所は明確な判断を示さない可能性があるからです。

自衛隊は憲法違反かどうかが過去に問われたことがあります（長沼ナイキ訴訟）。札幌の郊外にある長沼で、自衛隊のミサイル基地を建設する計画をめぐり、１９６９年に地元住民が「自衛隊は憲法違反の存在だから、基地建設に伴う保安林の指定解除は無効だ」として訴えました。

１９７３年、一審の札幌地方裁判所は自衛隊を憲法違反の存在と認めて、原告勝訴の判決を出します。自衛隊は「憲法第９条が保持を禁止している戦力」にあたるというのがその理由でした。

国は控訴して争い、１９７６年に二審判決が出ます。札幌高等裁判所は「自衛隊を設置するかどうかは、高度の専門技術的な判断とともに、高度の政治的判断を要する最も基本的な政策決定であり、こうしたことは統治事項に関する行為であって、司法審査の対象ではない」と言って憲法判断を避けました。

要するに、合憲とも違憲とも言えないというのです。自衛隊を違憲とした札幌地裁の判断は誤りだとして破棄しました。これが統治行為論です。

自衛隊を設置するかどうかは政治が判断すべきことだから、司法はそれに対して口をはさめないという考え方。そうすると、今度の安保関連法についても、国が「これだけ日本を取り巻く環境が厳しくなっているのだから、こういう法律を作らなければ国の安全は保てないんだ」と主張した場合、極めて高度な政治的判断が求められるという理由で、裁判所は合憲とも違憲とも言わない可能性があります。

しかし、今回の安保関連法については、山口繁・元最高裁判所長官が「少なくとも集団的自衛権の行使を認める立法は違憲だと言わざるを得ない」（朝日新聞２０１５年９月３日付）と明言しました。

同様の考えを持つ裁判官が多ければ、これまでとは違った判決が下されることも考えられます。

実は安倍政権は、内閣法制局の長官に外務省の小松一郎さんを据えるに当たって、山本庸幸《つねゆき》という長官を追い出しています。集団的自衛権の行使は違憲だと言っている人を追い出す形になるとまずいので、最高裁判所の裁判官が一人、定年で辞めるのに合わせて、その後任に置くという形をとりました。それで法制局長官ポストが空いたから小松さんを入れたということにしました。非常に手のこんだやり方です。しかし、おかげで集団的自衛権を認めるのは憲法違反だと考える人が最高裁判所の裁判官に入ってしまったのです。安倍さんとしては、一時しのぎでしたこととはいえ、まずいなと思っているはずです。

最高裁判所の裁判官は、長官以外は内閣が任命します。長官は内閣の指名に基づいて天皇が任命します。定年は70歳なので、15名いる裁判官のうちこれから何人もの人が定年を迎えることになります。定年で空きが出たら内閣が新しい人を任命して補充します。その時に安倍さんが、集団的自衛権の行使は合憲だと考える人を次々に最高裁判所に送り込んでいくことも考えられます。

この問題が最高裁で審理されるのはかなり後になるので、その間に違憲ではないという人を増やしておけば、違憲訴訟が起きてもクリアできるからです。

東京オリンピックまであと5年、安倍さんは2020年までやるつもりです。自民党総裁の任期は2018年9月までですが、党規約を変えて任期を2年延ばすことも視野に入れています。東京オリンピックの開会式を自分が総理大臣で迎えたいというのが、知る人ぞ知る安倍さんの野望です。

あと5年あるので、その間に最高裁判所の裁判官も相当入れ替えることができるわけです。

アメリカの最高裁判所の裁判官には定年がありません。終身です。でも、だいたい70歳を過ぎたり、80歳ぐらいになったりすると限界を自覚して辞めていきます。その時に、後任を選ぶのは大統領です。上院の承認を経て正式に任命するのですが、共和党の大統領は共和党寄りの人を選び、民主党の大統領は民主党寄りの人を選んでいます。現在は最高裁判所裁判官が9人いて、そのうちの5人が共和党寄り、4人が民主党寄りです。5対4で保守派の勝ちだったはずなのに、多数派5人の中の一人が、時々反対の判断をするものだからリベラル寄りの判決になることもあって、それで「同性婚は憲法に違反しない」という判決が出たりしました。

一人が右に行くか左に行くかで、がらりと結果が変わるのがアメリカの最高裁です。極めて党派的な選び方をしています。安倍さんは日本でもそれをやろうとしているはずです。内閣法制局長官の首をすげ替えたくらいですから、安倍さんならやるかもしれません。

6章

戦後の安全保障政策の大転換って、どういうこと？

――これからの自衛隊について

◪これまでの自衛隊の海外派遣の実態は？

湾岸戦争後、自衛隊は世界各地に派遣されるようになりました。今もアフリカの南スーダンに派遣されています。戦後政策の大転換となる安保関連法の成立により、これから自衛隊の活動範囲は拡大し、質的にも大きく変わっていくことは間違いありません。

かつて自衛隊がイラクのサマーワに派遣されたとき、その任務は人道復興支援でした。この時は戦争の後方支援ではなく、「非戦闘地域」で行う道路整備、医療支援、給水支援などが主な任務でした。それでも、アメリカの同盟国日本の自衛隊がイラクに入ったということでイスラム武装勢力に襲われる可能性がありました。そのため、もし自衛隊が攻撃されたら近くに宿営するオランダ軍が駆けつけてくれることになっていました。

武装勢力から攻撃されたとき、自衛隊員も正当防衛で反撃することはできます（自己保存型の武器使用）。正当防衛というのは、人間が人間である限り誰もが持っている自然的権利なので、攻撃されたら反撃してもいいのです。そうしないとやられてしまいますから。ただし、自衛隊員一人ひとりが正当防衛で反撃することはできても、部隊という単位で反撃することは認められてきませんでした。部隊として反撃すると海外における武力行使となり、憲法に違反するため、それはできないという話でした。

自衛隊員がいくら個人で反撃するといっても、相手が大勢で来たら、あるいは強力な武器を持っていたらかないません。その場合は、オランダ軍が駆けつけて武装勢力を排除してくれます。

ところが、自衛隊ではなくオランダ軍が攻撃されることだってあるはずです。その時、自衛隊はすぐ近くに宿営していても駆けつけて助けることができません。今となってみればそんな事態にならないでよかったのですが、万が一オランダ軍が攻撃されて自衛隊がそれを見殺しにしたら、世界中で自衛隊の信用は失墜したでしょう。「なぜ助けなかったのか」と非難囂々《ごうごう》になったはずです。

オランダ軍が撤退した後は、オーストラリア軍に守ってもらうという形を取りました。当時、サマーワに行っていた部隊長は、万が一の事態に備えてこういうふうに考えたといいます。

「もしオランダ軍なり、オーストラリア軍なりが攻撃されたときに、自衛隊が何もしなかったら国際的な信用を失うだろう。その時は、自衛隊の調査活動ということで何が起きているのか見に行こう。見に行ったら、当然自分たちの方にも銃弾が飛んでくる。そうしたら自分たちを守るために戦える」

実質的に駆けつけ警護と同じことをやろうと思っていたと、イラクから帰ってきた部隊長が言っています。

実に苦心のアイデアですが、これは本来おかしいですよね。駆けつけ警護はできないことになっているのに、現場の部隊長の判断でそれと同じことをやるというのは。今度の法改正でそれができるようになりました。ＰＫＯ協力法の改正です。

◪これからの活動はどう変わるの？

ここでＰＫＯについて改めて説明しておきましょう。

ＰＫＯ（Peacekeeping Operations）は「平和維持活動」と訳します。Peaceは「平和」。Keepingは「維持」。Operationは通常「作戦」と訳されます。本当はＰＫＯは「平和維持作戦」と訳すのが正確です。でも、「作戦」という言葉が入ると、軍事作戦でもやるのかと受け取られて自衛隊が海外で戦うイメージが強くなります。そこで外務省は「作戦」とは訳さず、「活動」と訳したのです。

そしてＰＫＯに参加する部隊のことをＰＫＦ（Peacekeeping Forces）、「平和維持隊」と呼んでいます。

国連ＰＫＯに参加した各国の部隊は、軍隊が必要な地域に送り込まれて平和維持活動をします。ＰＫＯの業務は二つに分けられます。

①平和維持隊本隊業務

②後方支援業務

戦闘を伴う可能性の高い①の本隊業務としては、停戦監視、撤退・武装解除などの状況の監視、武器の搬入・搬出の検査や確認、争っている各勢力の間に設けた緩衝地帯の巡回・駐留などがあります。

自衛隊は本隊業務は行わず、②の後方支援に徹してきました。具体的には、ＰＫＯに参加している他国の軍隊に水や燃料その他を補給する、インフラ整備を行うなどです。

現在、自衛隊がいるのはスーダンから独立した南スーダンです。国境付近にある油田がどちらのものかという紛争が続いていて、そこに国連のＰＫＯが派遣されています。そこから遠く離れた南部の首都ジュバは、私も取材で訪れたことがありますが、道路事情が非常に悪い地域です。自衛隊は戦火に巻き込まれる恐れが低いこの地域で道路整備をしています。

南スーダン

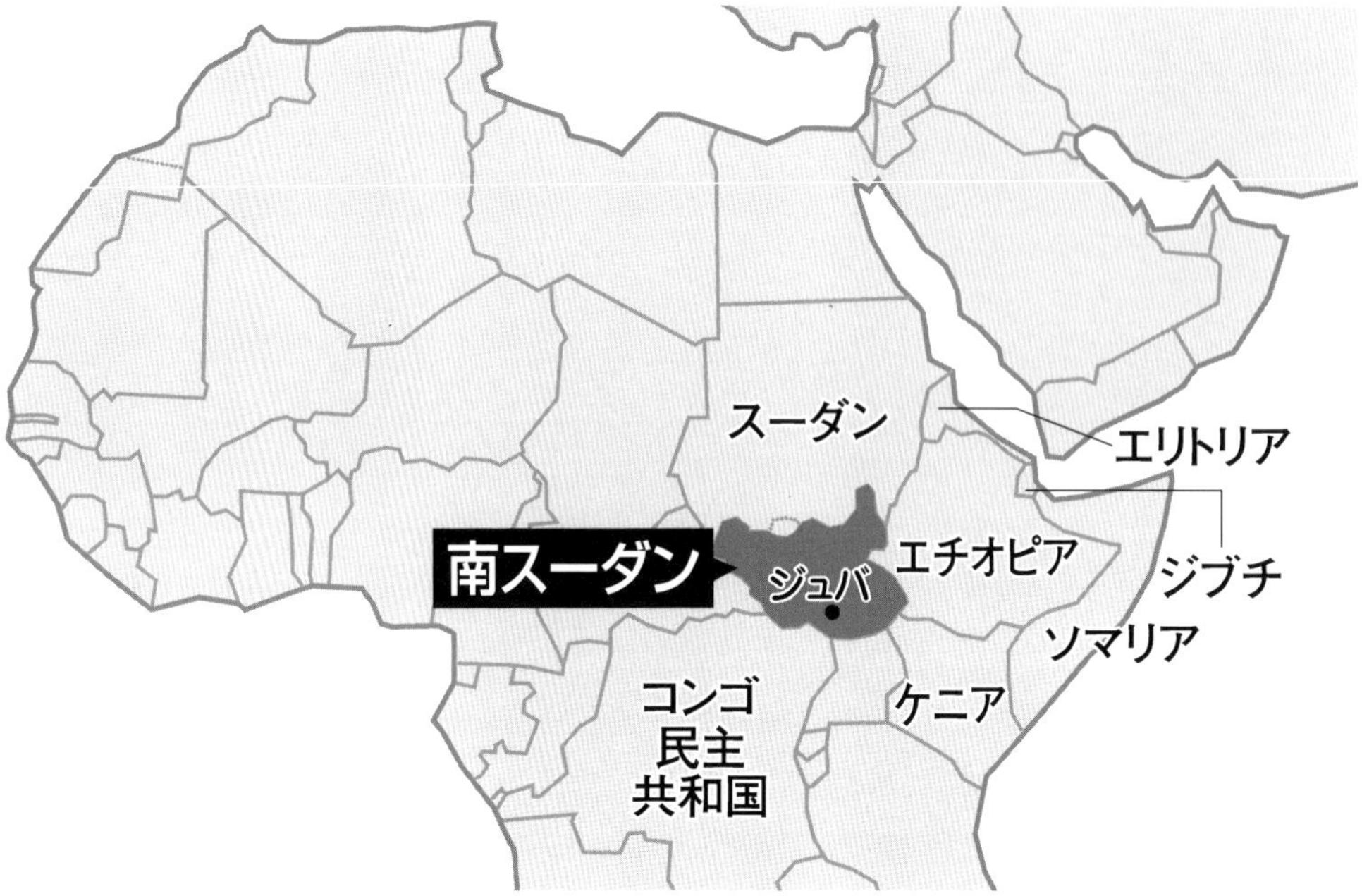

◪駆けつけ警護で自衛隊員のリスクは高まる！

では、南スーダンにいる自衛隊員がもし攻撃されたらどうするのか。当然、自衛隊員は自分の身を守るために戦うでしょう。自衛隊員にも正当防衛の権利がありますが、部隊での反撃はできないため、いざという時はＰＫＯ活動に参加している別の国の軍隊（現在はルワンダ軍）が自衛隊を守ってくれることになっています。非常に不思議な事態が起きているのです。

２０１３年12月に、南スーダンに展開していた韓国軍のところに避難民が殺到したことがあります。内戦や紛争を逃れた避難民が安全な国連の施設を目指したところ、武装勢力が彼らを殺そうと追いかけてきました。

韓国軍は、受け入れた避難民を守るため、場合によっては武装勢力と銃撃戦をしなければならないという状況に置かれます。その割に弾薬が不足しているということで、日本の自衛隊に「弾薬を分けてほしい」と要請してきました。この時、自衛隊は1万発の弾薬を国連を通じて提供しています。

韓国軍の現地の部隊は自衛隊に感謝の意を告げましたが、ちょうど日韓関係がひどく悪化しているときで、韓国政府が日本にお礼を言おうとしません。日本が勝手にやったことだというような態度だったので、さらに関係が悪化してしまいました。

弾薬のことはさておき、問題は、これと同じようなことが自衛隊のすぐそばで起こったらどうするかです。自衛隊の宿営地のすぐ近くに別の国の軍隊がいて、そこが襲われたら、自衛隊は指をくわえて見ているわけにはいきません。

武装集団に襲撃された外国の軍隊を助けるために自衛隊が駆けつけるということが、今回からできるようになります。改正法の施行を待って、２０１６年の春から南スーダンでの任務に駆けつけ警護が追加される見通しです。避難民を守るために自衛隊が武装勢力と銃撃戦を展開する。現実にそういうことが起こる可能性が出てきました。

駆けつけ警護で行くのは、部隊単位でできます。重武装して、機関銃から何から必要なものは全部持って現場へ駆けつけます。文字通り、戦闘するために行くのです。

駆けつけ警護ができるということは、自衛隊が海外から信頼されることにはなります。その反面、戦闘に巻き込まれるリスクは上がるわけです。安倍首相は国会で自衛隊員のリスクは高まらないと言いました。そんなことはあり得ません。自衛隊員のリスクは明らかに高まるわけです。「それを承知でこの法律を作るんじゃないの?」という話です。リスクが高まらないなんて詭弁《きべん》です。

平和維持活動で海外に出て行った自衛隊員が現地で銃撃戦をして、殺したり殺されたりするというリスクは、今よりはるかに高まるのです。

その時、世論はどう動くか?

不幸にも犠牲者が出たとき、そこで世論がどう反応するか。「話が違うじゃないか、安倍はウソを言った」ということになるのか、それとも英雄になるのか。

犠牲になった自衛隊員を英雄視する報道が出るでしょう。そして、話が違うと非難する人たちを「貴い犠牲者を犬死にだと言うのか。この非国民め!」ときっと叩くことになるのでしょう。犬死にだなどと言っているわけではないのに、ネットの中で極端な言い分が氾濫するのかと思うと、嫌な感じがします。

◪安保法成立で、戦争のリスクは減ったの？

集団的自衛権の行使容認については、これによってむしろ戦争のリスクは減り、抑止力が高まるというのが政府の説明ですが、果たしてどうなのでしょうか。

抑止力とは、攻撃を仕掛けてくる国に対して、「かかってきたらいつでも応じてやるぞ。いつでも戦えるぞ」という姿勢を示すことで、その国の意図をくじくという考え方です。安倍首相の論理はこれです。

日米安保条約でいざとなればアメリカが日本を助けてくれますが、それだけではなくて、日本もアメリカを守る。アメリカ本土まで出て行って守ることはしないけれども、日本の周辺にいて日本を守るために活動しているアメリカ軍については、どんなことをしてでも日本が守る。そうすれば、「日本とアメリカはいつでも一緒になって戦うことができるんだぞ」ということを示すことができる。それが抑止力になるんだと安倍さんは考えています。

ところがその一方で、いつでも戦争できるんだぞという態度を見せびらかすと、かえって周辺の国々を刺激して、緊張が高まるという反対論もまたあるということです。

確かに一般論で言えば、一国で守るよりも二つの国で守った方が守る力は高まるかもしれません。

◪北朝鮮が攻撃してきたら、自衛隊はどうする？

しかし、日本が集団的自衛権を行使する「密接な関係の国」は、世界最強の軍隊を持つアメリカです。果たして自衛隊に出る幕があるのでしょうか。

朝鮮半島有事において、日本近海で米イージス艦が北朝鮮の弾道ミサイル発射を警戒しているときに、アメリカの要請を受けて、日本の自衛隊が米イージス艦を防護するケースを考えてみましょう。これは集団的自衛権の行使に当たるケースだとされています。

イージス艦とは、弾道ミサイル防衛能力を備えた高性能の艦艇のことです。飛んでくる弾道ミサイルの動きを正確にとらえて、迎撃ミサイルを発射して大気圏外で撃ち落とすことができます。

専門的な言い方では、「目標の捜索、探知、分類識別、攻撃までの一連の動作を高性能コンピューターによって自動的に処理するイージス防空システムを備えた艦艇」（『２０１５

年版防衛白書』）となります。

北朝鮮は日本に向けて弾道ミサイルを発射するかもしれません。日本が攻撃されるかもしれないのに自衛隊は米艦を守らなくていいのかと政府は言います。

しかし、米イージス艦は弾道ミサイルを撃ち落とし、自分自身をきちんと守るだけの自己完結的なシステムを持っています。自衛隊の出る幕はありません。この想定自体、現実味が薄いのです。

もう一つ言えば、自衛隊は北朝鮮まで届くミサイルをそもそも持っていないのです。反撃のしようがないわけです。日本はそもそも専守防衛ですから、北朝鮮まで届くミサイルを持っていません。

ですから、自衛隊にできることはないのです。

◪アメリカに届くミサイルは撃ち落とせるか？

弾道ミサイルに関しては、次のようなケースもあります。

日本政府は、

「日本に向けて発射されたミサイルを日本は撃ち落とすことはできるが、アメリカに向けて発射されたミサイルを日本は撃ち落とすことができない。それは集団的自衛権の行使にあたるからだ。集団的自衛権の行使が認められるようになれば、これを撃ち落とすことができる」

と説明してきました。

しかしこれも現実的な想定ではありません。

アメリカ本土まで届くような長距離弾道ミサイルを撃ち落とせるだけの能力を日本は持っていないからです。

日本のイージス艦から迎撃ミサイルを発射すれば、**日本列島に落ちてくるような弾道ミサイルは撃ち落とせる**＊と言われています。

＊＝イージス艦が撃ち漏らしたミサイルは、日本各地に配備されたペトリオットＰＡＣ－３という陸上発射型の迎撃ミサイルで迎撃する。日本はイージス艦による上層での迎撃とペトリオットＰＡＣ－３による下層での迎撃という二段構えのミサイル防衛体制を取っている。

ところが、アメリカに飛んでいく長距離弾道ミサイルは大気圏外（宇宙空間）の非常に

政府による「日本上空を横切る弾道ミサイル迎撃」のイメージ

＊時事ドットコム「集団的自衛権限定行使のイメージ」
をもとに作成

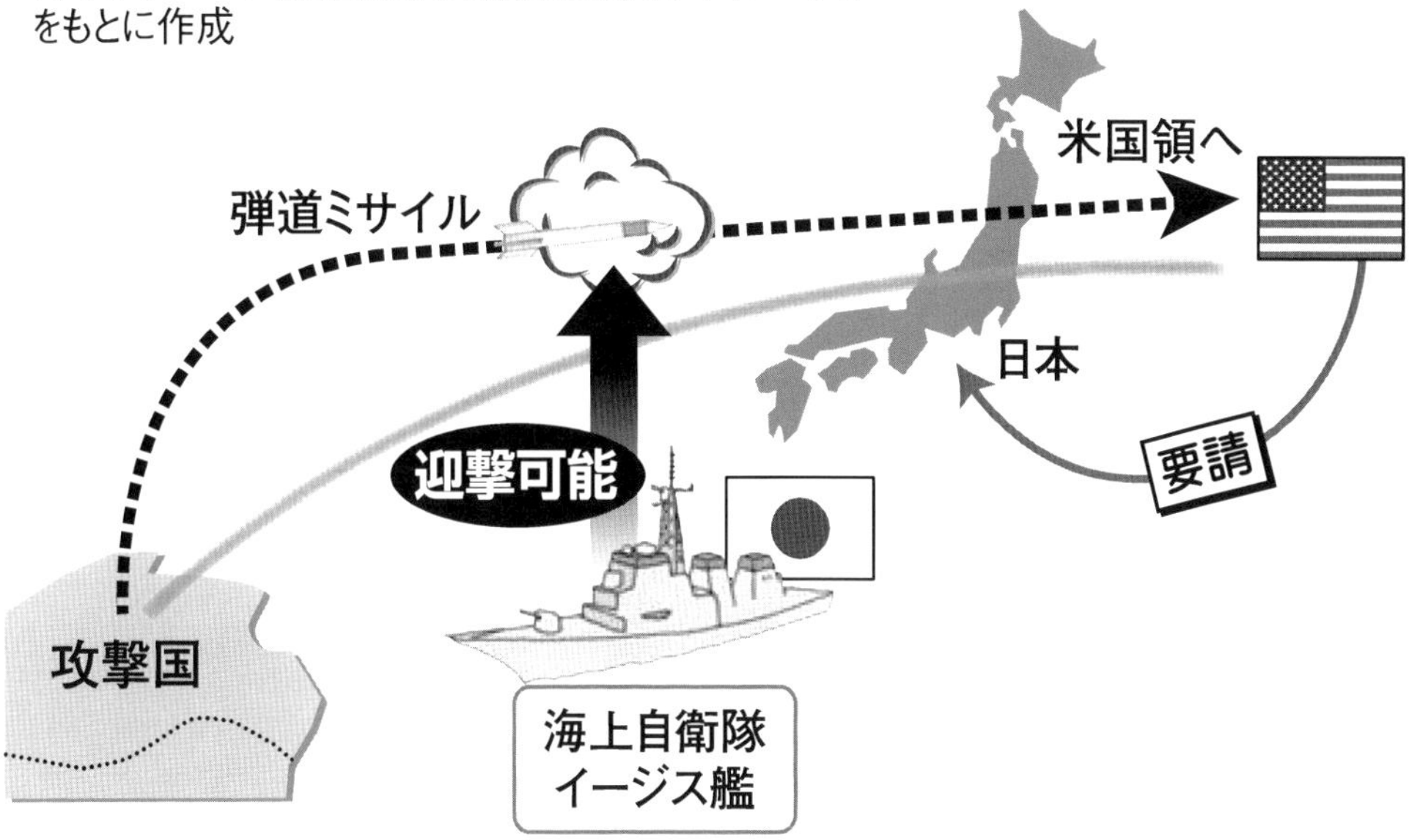

高いところを飛ぶので、日本のイージス艦から発射するミサイルでは撃ち落とせないのです。これを撃ち落とすには、宇宙空間に飛び出したミサイルがアメリカ本土に近づいて落下してくるところを狙って迎撃する必要がありますが、日本近海で展開するイージス艦からでは届きません。つまり、撃ち落とす能力がない。撃ち落とす能力がないのに集団的自衛権を行使すると言っても意味がないのです。

となると、現時点で北朝鮮の攻撃を想定した集団的自衛権は、まったく現実に即していないということです。

みんな何となく、日本を守ってくれるアメリカ軍が北朝鮮から攻撃されたら「助けなければいけないな」と思いますよね。でも、現実にはあり得ない想定なのです。

日本に飛んでくるミサイルは日本が撃ち落とすことができるので、個別的自衛権で対応できます。

万が一本当に北朝鮮からミサイルが飛んできて、日本で撃ち落とすことができずに被害が出たときは、アメリカ軍が北朝鮮を攻撃してくれることになっています。アメリカ軍は北朝鮮まで届くミサイルを持っていますから。日本は持っていません。そもそも日本は専守防衛なので他国に攻め入るような武器は持たずに今日までやってきました。そういう能力は、アメリカ軍がカバーしてくれることになっています。

よく「北朝鮮が日本に攻めてきたらどうするんだ」と言う人がいます。でも、攻撃するときは守備の3倍という法則があって、攻めるよりも守る側の方が有利です。本当に侵略をするためには、守る側の3倍の兵力がないと打ち破ることができません。これは古今東西すべての戦争で言えることです。

基本的に正規部隊が攻める場合は、日本の自衛隊が定員25万人、実際は20万人として、日本を侵略するには60万人の部隊を一挙に上陸させないと日本を占領することはできないということです。

日本のミサイル防衛のイメージ

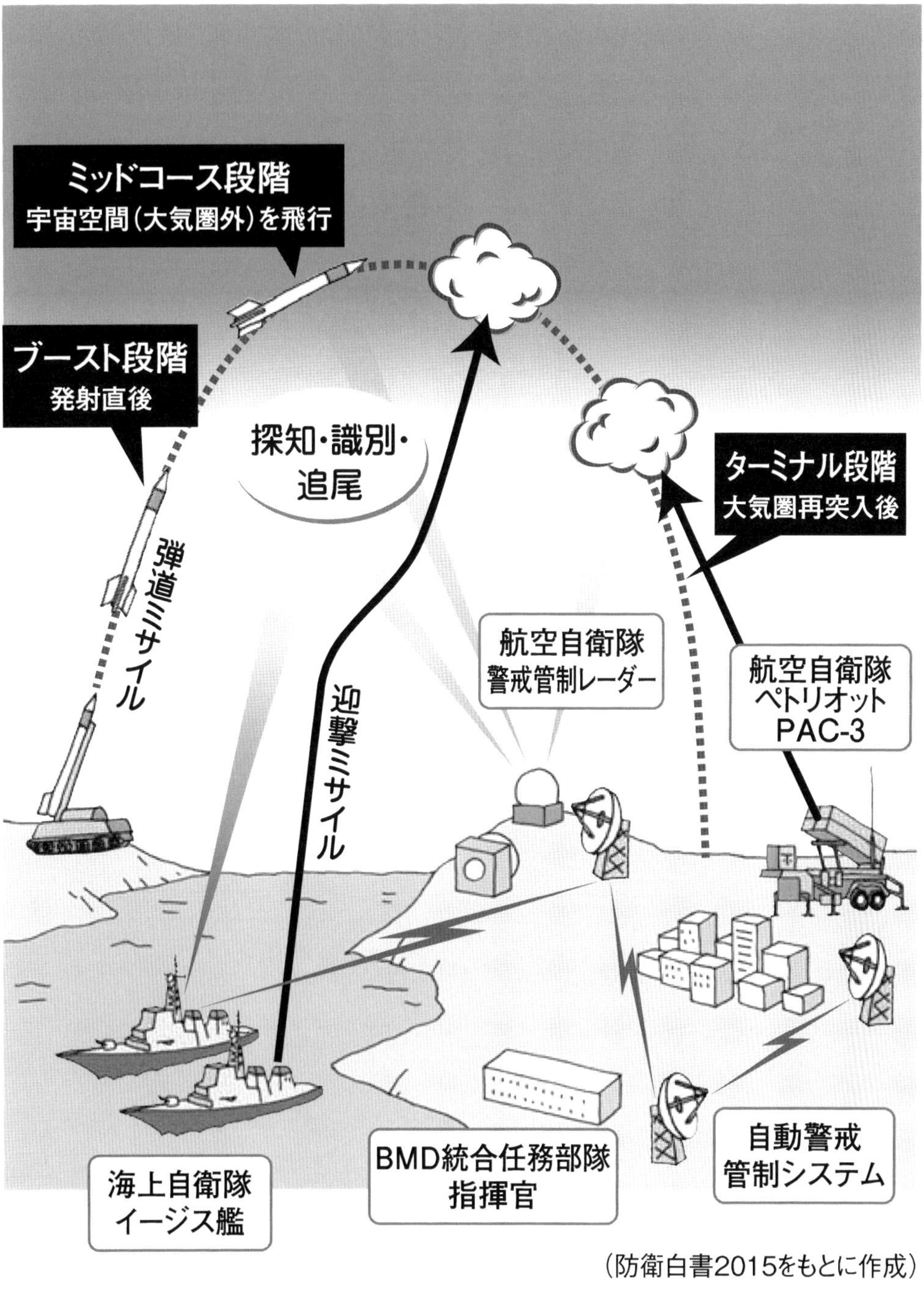

（防衛白書2015をもとに作成）

北朝鮮や中国は60万人を一挙に運ぶ船を持っているでしょうか。持っていませんね。ですから日本に攻めてくることはないのです。

そうなると、怖いのはむしろミサイルによる攻撃です。ミサイルは海を越えて飛んでくるので着弾すれば確実に被害が出ます。ミサイル防衛能力を高めておくことが大切です。

7章 「安保関連法」と「安保条約」との関係は？

――安保条約の誕生と変遷について

◢そもそも「安保条約」って、何?

日本が攻撃されたときはアメリカが助けてくれるというのが安保条約（日米安全保障条約＝184ページより全文掲載）です。日本がサンフランシスコ平和条約を結んで独立を果たしたのが1952年4月（調印は前年の9月）。それまで日本に駐留していたアメリカ軍は、独立国に勝手にいるわけにはいかないので、アメリカ軍を引き続き日本に駐留させるための日米安保条約を結びました。これが旧安保条約（＝190ページより全文掲載）です。

この旧安保条約において、アメリカ軍は日本に駐留できることが明記されました。その一方で、日本が他国から攻撃されてもアメリカが日本を守る義務はなかったのです。日本国内にアメリカ軍がいれば、実際には知らんぷりはできないと思いますけど、条約上は日本を守る義務がありませんでした。

それどころか、もう一つとんでもない条文がありました。日本国内で暴動などが起きて日本政府だけでは手に負えなくなったとき、日本政府から頼まれればアメリカ軍が出動して鎮圧できるという項目があったのです。東西冷戦が始まったばかりですから、ソ連や中国にそそのかされた連中が革命を起こそうとするかもしれない。その時は、アメリカ軍が直接それを弾圧することができるというのが旧安保条約でした。

◪砂川判決「憲法9条は自衛権を否定していない」

ところで、安倍政権が集団的自衛権の行使容認を正当化しようとして持ち出した判決に、最高裁の砂川判決があります。この判決は旧安保条約の下で出されました。これについて少し触れておきましょう。

かつて都内にアメリカ軍の立川基地があり、今はもう返還されて無いのですが、当時そこを砂川町（現・立川市）まで拡張することに対して反対運動が起きました。その運動が続くなかで、反対運動をした人たちが基地の中に立ち入ったとして逮捕されました。彼らは裁判で、日本は戦争を放棄し「戦力」を持たないと言っているのに、アメリカ軍が駐留しているのはおかしい、違憲だと主張します。そうしたところ、一審の東京地裁はアメリカ軍の日本駐留は憲法違反だと言って被告の言い分を認め、全員に無罪を言い渡したのです。

この判決を最高裁判所はひっくり返しました。最高裁は、憲法9条が禁止しているのは日本が持つ戦力であって、アメリカ軍のことを言っているわけではないという判断を示しました。だから憲法違反ではないんだと。この時、判決文の初めの方に、日本にも自衛権はあると書いてあったというのが砂川判決です。

　該当箇所はこうなっています。

「同条（憲法9条）は、同条にいわゆる戦争を放棄し、いわゆる戦力の保持を禁止しているのであるが、しかしもちろんこれによりわが国が主権国として持つ固有の自衛権は何ら否定されたものではなく、わが憲法の平和主義は決して無防備、無抵抗を定めたものではないのである」

「わが国が、自国の平和と安全を維持しその存立を全うするために必要な自衛のための措置をとりうることは、国家固有の権能の行使として当然のことといわなければならない」

　この判決が出たのは１９５９年12月。安保条約が改正される直前でした。

◪安保条約のおかげで防衛力は小さくて済んだ

　旧安保条約を改正し、対等なものに変えようと考えたのが、安倍首相の祖父、岸信介首相です。アメリカ軍が日本国民を弾圧できるという条文をなくしたい。それから、日本はアメリカに対して基地を提供しているのだからアメリカには日本を守る義務があるはずだ。

この点をはっきりさせたい。これが1960年の安保改正、新安保条約の締結です。

岸さんは、それまでの一方的な、偏った安保条約を対等なものにしようとしました。ところが、アイゼンハワー大統領の訪日までに決めるんだと言って採決を急いだため、あれだけの騒動になってしまったのです（序章39～41ページ参照）。

基本的に、日本が外部から攻撃されたときは、アメリカが日本を守ってくれる、もっと正確な言い方では日本の応援をしてくれるというのが安保条約です。これによって、戦後、日本の防衛力は非常に小さくて済みました。もしアメリカ軍に頼らずに日本を自衛隊だけで守ろうとしたら、とても自衛隊が持つ装備だけでは足りなかったでしょう。

たとえば東西冷戦時代は、ソ連軍が北海道に攻め込んでくることを想定していました。もしソ連が侵略してきたら、とりあえず日本の自衛隊がこれに応戦する。3日間もちこたえることができれば、その間にアメリカ軍が駆けつけて、あとはアメリカ軍と一緒に反撃すればいい。アメリカ軍が駆けつけるまでに3日間かかるから、それまでは自衛隊だけで頑張れという仕掛けになっていました。ですから、北海道には陸上自衛隊の戦車の大部隊がいました。

上陸してくるソ連軍を相手に、アメリカ軍の助けもなく自衛隊だけで北海道を守ろうと思ったらこれは大変なことです。でも、３日間もちこたえればいいということなら一定の装備でよかった。それ以上のものを持たなくて済んだのです。それは安保条約があったから可能だったことです。

日本はそうやって防衛力にお金をかけないで、その分経済の発展に力を入れることができました。これが吉田茂内閣の軽武装戦略です。だから安保条約のおかげで日本の安全が守られた、つまり、日本に手を出してアメリカが出てくると怖いから、どこも手を出さなかったのだという意見もあれば、現実問題として日本に手を出すだけの力を持った国はなかったという意見もあります。どちらにせよ、日本にしてみれば、安保条約があったおかげで自衛隊にかけるお金は少なくて済んだ。それによって日本経済がこれだけ発展したということは言えるでしょう。

◪アメリカが攻撃されたときに、日本はどうするのか？

でも、これからはアメリカが日本を守ってくれるだけで満足していてはいけない、日本がアメリカに対してどうするかを考えるべきだ、というのが安倍政権の考え方です。要するに、「アメリカが攻撃されたときに日本はアメリカを助けるのか？　助けるとしたらどこまで助けるのか？」ということについてきちんと決めましょう。これが安倍政権の考えでした。

アメリカ軍は、日米安保条約に従って日本国内に基地を持ち、日本の周辺で活動しています。実際には、その活動は日本の周辺にとどまらず、さらに「極東」全域に及んでいます。安保条約第６条はアメリカ軍の活動について、「日本国の安全に寄与し、並びに極東における国際の平和及び安全の維持に寄与するため」としているからです。「極東」というのは、だいたいフィリピン以北、日本周辺、韓国、台湾を含むとされています。

そうすると、日米安保条約体制の下でアメリカ軍は常に日本周辺や極東で活動しているわけです。その時に、どこかで有事が発生したり、平和と安全を脅かすような事態が起きたりしたら日本はどうするのか、またアメリカ軍が攻撃されるようなことがあったらどうするのか、ということについて法律を整備した、これが第一点。さらにそれ以外に、日本の自衛隊が国際貢献の一環で海外に出ていくときの法整備をした、これが第二点。この二つが今回の安保関連法の柱ということになるのです。

アメリカでは今、２０１６年の大統領選挙に向けた候補者選びが進んでいます。共和党の大統領候補に名乗りを上げた大富豪のトランプ氏は、失言や放言を繰り返していますが、今のところ高い人気を保っています。そのトランプ氏が集会で日米安保条約のことを取り上げて、「もし日本が攻撃されたらアメリカは日本を守ってやるんだが、アメリカが攻撃されても日本は守ってくれないんだぞ。こんな不公平なことでいいのか」と演説しました。これには、聴衆が「おかしい！」と反応しました。

一般のアメリカ人は安保条約のことなど知りませんから、「まさか。そんなはずはない」と思うわけです。でも、事実だと知ると、「それはおかしい。不公平じゃないか」という反応になるでしょう。

その一方で、日本は平和憲法を持った平和国家なのだから、他国のことには首をつっこまず、日本の平和だけを守っていればいいんだという考え方もありますが、一般のアメリカ国民にはなかなか理解されにくいのも事実です。

◪アメリカ軍基地問題。
沖縄だけに負担させていいのか

アメリカ軍基地が集中する沖縄県の負担は、依然として重たいものがあります。安保関連法が成立した後、米軍普天間基地の移設をめぐり、沖縄県の翁長雄志《おながたけし》知事は安倍政権と全面対決のプロセスに突入しました。

翁長知事は断固として移設を阻止すると言っています。政府は名護市辺野古に新しい基地を造り、普天間基地をそこに移設する計画です。そのためには辺野古の沖合を埋め立てなければなりません。これについては前の仲井眞弘多《なかいまひろかず》知事が、すでに「公有水面」埋め立てを認可しています。公の海を埋め立てるときは、公有水面埋立法という法律があり、管理する都道府県知事の認可が必要です。

前任の仲井眞知事がこの認可を出して埋め立て工事が始まったのですが、２０１５年10月13日、翁長知事はこの認可を取り消しました。理由として、なぜ辺野古に基地を造らなければいけないのかという説得力ある説明がない、埋め立てによって自然環境が破壊される、などを挙げています。そういうことについてのきちんとした対策や説明がないので、埋め立て申請には瑕疵《かし》、つまり欠点があったというのです。

認可が取り消されてしまえば埋め立て工事はできません。そこで政府、この場合は防衛省が、行政不服審査法という法律に基づいて「不服審査請求」を行いました。沖縄県という行政機関が行った認可取り消しという処分に対して不服を申し立てたのです。

本来は、私たち国民がどこかの行政機関がしたことによって不利益を被った場合に、国に対して異議申し立てを行う制度です。今回は、その申し立てを国（防衛省）が行いました。どこに申し立てたかというと国土交通省です。なんだかおかしな話ですが、法律上はできるのです。

それで、翁長知事が認可を取り消した翌日の10月14日、防衛省の沖縄防衛局が国土交通省に対して「沖縄県のしたことはおかしいですよ、納得できません」と言って申し立てをしました。国土交通大臣は新任の石井啓一さんです。公明党の人ですが、安倍内閣の一員ですから内閣の方針に反する決定をするはずがありません。10月27日には沖縄県の認可取り消し処分について、その効力を取り消すと決定しました。

となると、今度は沖縄県側が裁判に訴えることが考えられます。行政機関が行ったことについて不服があり、それを裁判にする場合は、高等裁判所から始めることになっています。行政機関が行ったことを一審判決と同じに受け止めるということがあって、地方裁判所を飛び越えていきなり高等裁判所に訴えるわけです。沖縄県は、福岡高等裁判所に訴えることになるでしょう。そこで何らかの判決が下され、さらにそれが最高裁まで行きます。

したがって当分の間、裁判闘争が続くということです。

その間も工事は着々と進んでいきます。すでに埋め立て認可の取り消しは効力を失い、埋め立ての本体工事が始まっています（10月29日に着手）。

これでは沖縄県民の不満が高まることは避けられません。結局、日本の安全保障という点において、さまざまな負担が沖縄に集中しているという問題があります。それを日本全体として受け止めなければいけないということではないでしょうか。

おわりに――憲法を、民主主義を私たち一人ひとりが考える

２０１５年の夏は、いつになく暑く、熱い期間だったと思います。国会議事堂前には、大勢の人たちが詰めかけました。１９６０年安保改正をめぐって日本が二分したとき、国会議事堂に詰めかけたであろう高齢者から、１９７０年の安保闘争時にデモに参加したとみられる団塊の世代。そして、ＳＥＡＬＤｓ（シールズ）に代表される若者たち。老・壮・青の人々が一堂に集まって、安倍政権の手法に抗議しました。

しかし、民主主義とは多数決の原理です。安倍政権に、多くの国民が信任を与えているからこそ、安保関連法は成立したのです。たった一回の選挙で、その後の4年の政策のすべてに信任を与えた形になる現在の民主主義。どこかおかしいのは確かなのですが、かといって、すべての政策課題について、国民の判断を仰ぐための国民投票を実施するというのも、手間暇ばかりかかって現実的ではありません。

政治家には、国民の声を少しでも吸い上げる柔軟性が求められますが、それは、優柔不断の別名にもなりえます。「たとえ多くの国民が反対しても、必要なことをするのだ。自分

の正しさは、やがて歴史が証明してくれる」という強い意志もまた、政治家には必要です。しかし、それは独断専行ないし独裁に陥ってしまう危険性もあります。

民主主義とは何か。２０１５年の夏は、そんなことを私たちに教えてくれたような気がします。この機会に民主主義を考える本のフェアを企画した書店は、その内容が「偏向している」という批判を受け、軌道修正に追い込まれました。しかし、フェアで展示された書籍名のリストを見ると、「偏向している」と批判した人の思想こそ「偏向している」と感じてしまいます。

憲法を、そして民主主義を考える絶好のチャンスを、２０１５年の夏は私たちに与えてくれました。自由闊達《かったつ》に議論し、議論することが批判されることのない社会。それこそが民主主義社会だと思うのです。

この本は、美野晴代さんの閃《ひらめ》きによって始まりました。本の形にするに当たっては、伊藤静雄さんにお世話になりました。感謝しています。

２０１５年11月

ジャーナリスト・東京工業大学教授　池上　彰

巻末資料１　日米安保条約　全文

日本国とアメリカ合衆国との間の相互協力及び安全保障条約

署名　１９６０年１月19日（ワシントン）　効力発生　１９６０年６月23日

日本国及びアメリカ合衆国は、

両国の間に伝統的に存在する平和及び友好の関係を強化し、並びに民主主義の諸原則、個人の自由及び法の支配を擁護することを希望し、

また、両国の間の一層緊密な経済的協力を促進し、並びにそれぞれの国における経済的安定及び福祉の条件を助長することを希望し、

国際連合憲章の目的及び原則に対する信念並びにすべての国民及びすべての政府とともに平和のうちに生きようとする願望を再確認し、

両国が国際連合憲章に定める個別的又は集団的自衛の固有の権利を有していることを確認し、

両国が極東における国際の平和及び安全の維持に共通の関心を有することを考慮し、

相互協力及び安全保障条約を締結することを決意し、

よつて、次のとおり協定する。

第一条

締約国は、国際連合憲章に定めるところに従い、それぞれが関係することのある国際紛争を平和的手段によつて国際の平和及び安全並びに正義を危うくしないように解決し、並びにそれぞれの国際関係において、武力による威嚇又は武力の行使を、いかなる国の領土保全又は政治的独立に対するものも、また、国際連合の目的と両立しない他のいかなる方法によるものも慎むことを約束する。

締約国は、他の平和愛好国と協同して、国際の平和及び安全を維持する国際連合の任務が一層効果的に遂行されるように国際連合を強化することに努力する。

第二条

締約国は、その自由な諸制度を強化することにより、これらの制度の基礎をなす原則の理解を促進することにより、並びに安定及び福祉の条件を助長することによつて、平和的かつ友好的な国際関係の一層の発展に貢献する。締約国は、その国際経済政策におけるくい違いを除くことに努め、また、両国の間の経済的協力を促進する。

第三条
締約国は、個別的に及び相互に協力して、継続的かつ効果的な自助及び相互援助により、武力攻撃に抵抗するそれぞれの能力を、憲法上の規定に従うことを条件として、維持し発展させる。

第四条
締約国は、この条約の実施に関して随時協議し、また、日本国の安全又は極東における国際の平和及び安全に対する脅威が生じたときはいつでも、いずれか一方の締約国の要請により協議する。

第五条
各締約国は、日本国の施政の下にある領域における、いずれか一方に対する武力攻撃が、自国の平和及び安全を危うくするものであることを認め、自国の憲法上の規定及び手続に従つて共通の危険に対処するように行動することを宣言する。
前記の武力攻撃及びその結果として執つたすべての措置は、国際連合憲章第五十一条の規定に従つて直ちに国際連合安全保障理事会に報告しなければならない。その措置は、安全保障理事会が国際の平和及び安全を回復し及び維持するために必要な措置を執ったときは、終止しなければならない。

第六条

日本国の安全に寄与し、並びに極東における国際の平和及び安全の維持に寄与するため、アメリカ合衆国は、その陸軍、空軍及び海軍が日本国において施設及び区域を使用することを許される。

前記の施設及び区域の使用並びに日本国における合衆国軍隊の地位は、千九百五十二年二月二十八日に東京で署名された日本国とアメリカ合衆国との間の安全保障条約第三条に基く行政協定（改正を含む。）に代わる別個の協定及び合意される他の取極により規律される。

第七条

この条約は、国際連合憲章に基づく締約国の権利及び義務又は国際の平和及び安全を維持する国際連合の責任に対しては、どのような影響も及ぼすものではなく、また、及ぼすものと解釈してはならない。

第八条

この条約は、日本国及びアメリカ合衆国により各自の憲法上の手続に従つて批准されなければならない。この条約は、両国が東京で批准書を交換した日に効力を生ずる。

第九条

千九百五十一年九月八日にサン・フランシスコ市で署名された日本国とアメリカ合衆国との間の安全保障条約は、この条約の効力発生の時に効力を失う。

第十条

この条約は、日本区域における国際の平和及び安全の維持のため十分な定めをする国際連合の措置が効力を生じたと日本国政府及びアメリカ合衆国政府が認める時まで効力を有する。

もつとも、この条約が十年間効力を存続した後は、いずれの締約国も、他方の締約国に対しこの条約を終了させる意思を通告することができ、その場合には、この条約は、そのような通告が行なわれた後一年で終了する。

以上の証拠として、下名の全権委員は、この条約に署名した。

千九百六十年一月十九日にワシントンで、ひとしく正文である日本語及び英語により本書二通を作成した。

日本国のために
岸信介
藤山愛一郎
石井光次郎
足立正
朝海浩一郎

アメリカ合衆国のために
クリスチャン・A・ハーター
ダグラス・マックアーサー二世
J・グレイアム・パースンズ

巻末資料２　旧日米安保条約　全文

日本国とアメリカ合衆国との間の安全保障条約

署名　１９５１年９月８日（サンフランシスコ）　効力発生　１９５２年４月28日

日本国は、本日連合国との平和条約に署名した。日本国は、武装を解除されているので、平和条約の効力発生の時において固有の自衛権を行使する有効な手段をもたない。

無責任な軍国主義がまだ世界から駆逐されていないので、前記の状態にある日本国には危険がある。よつて、日本国は平和条約が日本国とアメリカ合衆国の間に効力を生ずるのと同時に効力を生ずべきアメリカ合衆国との安全保障条約を希望する。

平和条約は、日本国が主権国として集団的安全保障取極を締結する権利を有することを承認し、さらに、国際連合憲章は、すべての国が個別的及び集団的自衛の固有の権利を有することを承認している。

これらの権利の行使として、日本国は、その防衛のための暫定措置として、日本国に対する武力攻撃を阻止するため日本国内及びその附近にアメリカ合衆国がその軍隊を維持することを希望する。

アメリカ合衆国は、平和と安全のために、現在、若干の自国軍隊を日本国内及びその附近に維持する意思がある。但し、アメリカ合衆国は、日本国が、攻撃的な脅威となり又は国際連合憲章の目的及び原則に従つて平和と安全を増進すること以外に用いられうべき軍備をもつことを常に避けつつ、直接及び間接の侵略に対する自国の防衛のため漸増的に自ら責任を負うことを期待する。

よつて、両国は、次のとおり協定した。

第一条

平和条約及びこの条約の効力発生と同時に、アメリカ合衆国の陸軍、空軍及び海軍を日本国内及びその附近に配備する権利を、日本国は、許与し、アメリカ合衆国は、これを受諾する。この軍隊は、極東における国際の平和と安全の維持に寄与し、並びに、一又は二以上の外部の国による教唆又は干渉によつて引き起された日本国における大規模の内乱及び騒じようを鎮圧するため日本国政府の明示の要請に応じて与えられる援助を含めて、外部からの武力攻撃に対する日本国の安全に寄与するために使用することができる。

第二条

第一条に掲げる権利が行使される間は、日本国は、アメリカ合衆国の事前の同意なくして、基地、基地における若しくは基地に関する権利、権力若しくは権能、駐兵若しくは演習の権利又は陸軍、空軍若しくは海軍の通過の権利を第三国に許与しない。

第三条

アメリカ合衆国の軍隊の日本国内及びその附近における配備を規律する条件は、両政府間の行政協定で決定する。

第四条

この条約は、国際連合又はその他による日本区域における国際の平和と安全の維持のため充分な定をする国際連合の措置又はこれに代る個別的若しくは集団的の安全保障措置が効力を生じたと日本国及びアメリカ合衆国の政府が認めた時はいつでも効力を失うものとする。

第五条

この条約は、日本国及びアメリカ合衆国によつて批准されなければならない。この条約は、批准書が両国によつてワシントンで交換された時に効力を生ずる。

以上の証拠として、下名の全権委員は、この条約に署名した。

千九百五十一年九月八日にサン・フランシスコ市で、日本語及び英語により、本書二通を作成した。

日本国のために
吉田茂

アメリカ合衆国のために
ディーン・アチソン
ジョージ・フォスター・ダレス
アレキサンダー・ワイリー
スタイルス・ブリッジス

巻末資料3　安保関連法閣議決定

国の存立を全うし、国民を守るための切れ目のない安全保障法制の整備について

平成26年7月1日　国家安全保障会議決定　閣議決定

我が国は、戦後一貫して日本国憲法の下で平和国家として歩んできた。専守防衛に徹し、他国に脅威を与えるような軍事大国とはならず、非核三原則を守るとの基本方針を堅持しつつ、国民の営々とした努力により経済大国として栄え、安定して豊かな国民生活を築いてきた。また、我が国は、平和国家としての立場から、国際連合憲章を遵守しながら、国際社会や国際連合を始めとする国際機関と連携し、それらの活動に積極的に寄与している。こうした我が国の平和国家としての歩みは、国際社会において高い評価と尊敬を勝ち得てきており、これをより確固たるものにしなければならない。

一方、日本国憲法の施行から67年となる今日までの間に、我が国を取り巻く安全保障環境は根本的に変容するとともに、更に変化し続け、我が国は複雑かつ重大な国家安全保障上の課題に直面している。国際連合憲章が理想として掲げたいわゆる正規の「国連軍」は実現のめどが立っていないことに加え、冷戦終結後の四半世紀だけをとっても、グローバルなパワーバラン

スの変化、技術革新の急速な進展、大量破壊兵器や弾道ミサイルの開発及び拡散、国際テロなどの脅威により、アジア太平洋地域において問題や緊張が生み出されるとともに、脅威が世界のどの地域において発生しても、我が国の安全保障に直接的な影響を及ぼし得る状況になっている。さらに、近年では、海洋、宇宙空間、サイバー空間に対する自由なアクセス及びその活用を妨げるリスクが拡散し深刻化している。もはや、どの国も一国のみで平和を守ることはできず、国際社会もまた、我が国がその国力にふさわしい形で一層積極的な役割を果たすことを期待している。

政府の最も重要な責務は、我が国の平和と安全を維持し、その存立を全うするとともに、国民の命を守ることである。我が国を取り巻く安全保障環境の変化に対応し、政府としての責務を果たすためには、まず、十分な体制をもって力強い外交を推進することにより、安定しかつ見通しがつきやすい国際環境を創出し、脅威の出現を未然に防ぐとともに、国際法にのっとって行動し、法の支配を重視することにより、紛争の平和的な解決を図らなければならない。

さらに、我が国自身の防衛力を適切に整備、維持、運用し、同盟国である米国との相互協力を強化するとともに、域内外のパートナーとの信頼及び協力関係を深めることが重要である。特に、我が国の安全及びアジア太平洋地域の平和と安定のために、日米安全保障体制の実効性を一層高め、日米同盟の抑止力を向上させることにより、武力紛争を未然に回避し、我が国に脅威が及ぶことを防止することが必要不可欠である。その上で、いかなる事態においても国民の命と平和な暮らしを断固として守り抜くとともに、国際協調主義に基づく「積極的平和主義」の下、国際社会の平和と安定にこれまで以上に積極的に貢献するためには、切れ目のない対応を可能とする国内法制を整備しなければならない。

5月15日に「安全保障の法的基盤の再構築に関する懇談会」から報告書が提出され、同日に安倍内閣総理大臣が記者会見で表明した基本的方向性に基づき、これまで与党において協議を重ね、政府としても検討を進めてきた。今般、与党協議の結果に基づき、政府として、以下の基本方針に従って、国民の命と平和な暮らしを守り抜くために必要な国内法制を速やかに整備することとする。

1．武力攻撃に至らない侵害への対処

（1）我が国を取り巻く安全保障環境が厳しさを増していることを考慮すれば、純然たる平時でも有事でもない事態が生じやすく、これにより更に重大な事態に至りかねないリスクを有している。こうした武力攻撃に至らない侵害に際し、警察機関と自衛隊を含む関係機関が基本的な役割分担を前提として、より緊密に協力し、いかなる不法行為に対しても切れ目のない十分な対応を確保するための態勢を整備することが一層重要な課題となっている。

（2）具体的には、こうした様々な不法行為に対処するため、警察や海上保安庁などの関係機関が、それぞれの任務と権限に応じて緊密に協力して対応するとの基本方針の下、各々の対応能力を向上させ、情報共有を含む連携を強化し、具体的な対応要領の検討や整備を行い、命令発出手続を迅速化するとともに、各種の演習や訓練を充実させるなど、各般の分野における必要な取組を一層強化することとする。

（3）このうち、手続の迅速化については、離島の周辺地域等において外部から武力攻撃に至らない侵害が発生し、近傍に警察力が存在しない場合や警察機関が直ちに対応できない場合（武装集団の所持する武器等のために対応できない場合を含む。）の対応において、治安出動や海上における警備行動を発令するための関連規定の適用関係についてあらかじめ十分に検討し、関係機関において共通の認識を確立しておくとともに、手続を経ている間に、不法行為による被害が拡大することがないよう、状況に応じた早期の下令や手続の迅速化のための方策について具体的に検討することとする。

（4）さらに、我が国の防衛に資する活動に現に従事する米軍部隊に対して攻撃が発生し、それが状況によっては武力攻撃にまで拡大していくような事態においても、自衛隊と米軍が緊密に連携して切れ目のない対応をすることが、我が国の安全の確保にとっても重要である。自衛隊と米軍部隊が連携して行う平素からの各種活動に際して、米軍部隊に対して武力攻撃に至らない侵害が発生した場合を想定し、自衛隊法第95条による武器等防護のための「武器の使用」の考え方を参考にしつつ、自衛隊と連携して我が国の防衛に資する活動（共同訓練を含む。）に現に従事している米軍部隊の武器等であれば、米国の要請又は同意があることを前提に、当該武器等を防護するための自衛隊法第95条によるものと同様の極めて受動的かつ限定的な必要最小限の「武器の使用」を自衛隊が行うことができるよう、法整備をすることとする。

2．国際社会の平和と安定への一層の貢献

（1）いわゆる後方支援と「武力の行使との一体化」

ア　いわゆる後方支援と言われる支援活動それ自体は、「武力の行使」に当たらない活動である。例えば、国際の平和及び安全が脅かされ、国際社会が国際連合安全保障理事会決議に基づいて一致団結して対応するようなときに、我が国が当該決議に基づき正当な「武力の行使」を行う他国軍隊に対してこうした支援活動を行うことが必要な場合がある。一方、憲法第9条との関

係で、我が国による支援活動については、他国の「武力の行使と一体化」することにより、我が国自身が憲法の下で認められない「武力の行使」を行ったとの法的評価を受けることがないよう、これまでの法律においては、活動の地域を「後方地域」や、いわゆる「非戦闘地域」に限定するなどの法律上の枠組みを設定し、「武力の行使との一体化」の問題が生じないようにしてきた。

イ　こうした法律上の枠組みの下でも、自衛隊は、各種の支援活動を着実に積み重ね、我が国に対する期待と信頼は高まっている。安全保障環境が更に大きく変化する中で、国際協調主義に基づく「積極的平和主義」の立場から、国際社会の平和と安定のために、自衛隊が幅広い支援活動で十分に役割を果たすことができるようにすることが必要である。また、このような活動をこれまで以上に支障なくできるようにすることは、我が国の平和及び安全の確保の観点からも極めて重要である。

ウ　政府としては、いわゆる「武力の行使との一体化」論それ自体は前提とした上で、その議論の積み重ねを踏まえつつ、これまでの自衛隊の活動の実経験、国際連合の集団安全保障措置の実態等を勘案して、従来の「後方地域」あるいはいわゆる「非戦闘地域」といった自衛隊が活動する範囲をおよそ一体化の問題が生じない地域に一律に区切る枠組みではなく、他国が「現に戦闘行為を行っている現場」ではない場所で実施する補給、輸送などの我が国の支援活動については、当該他国の「武力の行使と一体化」するものではないという認識を基本とした以下の考え方に立って、我が国の安全の確保や国際社会の平和と安定のために活動する他国軍隊に対して、必要な支援活動を実施できるようにするための法整備を進めることとする。

（ア）我が国の支援対象となる他国軍隊が「現に戦闘行為を行っている現場」では、支援活動は実施しない。

（イ）仮に、状況変化により、我が国が支援活動を実施している場所が「現に戦闘行為を行っている現場」となる場合には、直ちにそこで実施している支援活動を休止又は中断する。

（2）国際的な平和協力活動に伴う武器使用

ア　我が国は、これまで必要な法整備を行い、過去20年以上にわたり、国際的な平和協力活動を実施してきた。その中で、いわゆる「駆け付け警護」に伴う武器使用や「任務遂行のための武器使用」については、これを「国家又は国家に準ずる組織」に対して行った場合には、憲法第９条が禁ずる「武力の行使」に該当するおそれがあることから、国際的な平和協力活動に従事する自衛官の武器使用権限はいわゆる自己保存型と武器等防護に限定してきた。

イ　我が国としては、国際協調主義に基づく「積極的平和主義」の立場から、国際社会の平和と安定のために一層取り組んでいく必要があり、そのために、国際連合平和維持活動（ＰＫＯ）などの国際的な平和協力活動に十分かつ積極的に参加できることが重要である。また、自国領域内に所在する外国人の保護は、国際法上、当該領域国の義務であるが、多くの日本人が海外で活躍し、テロなどの緊急事態に巻き込まれる可能性がある中で、当該領域国の受入れ同意がある場合には、武器使用を伴う在外邦人の救出についても対応できるようにする必要がある。

ウ　以上を踏まえ、我が国として、「国家又は国家に準ずる組織」が敵対するものとして登場しないことを確保した上で、国際連合平和維持活動などの「武力の行使」を伴わない国際的な平和協力活動におけるいわゆる「駆け付け警護」に伴う武器使用及び「任務遂行のための武器使用」のほか、領域国の同意に基づく邦人救出などの「武力の行使」を伴わない警察的な活動ができるよう、以下の考え方を基本として、法整備を進めることとする。

（ア）国際連合平和維持活動等については、ＰＫＯ参加５原則の枠組みの下で、「当該活動が行われる地域の属する国の同意」及び「紛争当事者の当該活動が行われることについての同意」が必要とされており、受入れ同意をしている紛争当事者以外の「国家に準ずる組織」が敵対するものとして登場することは基本的にないと考えられる。このことは、過去20年以上にわたる我が国の国際連合平和維持活動等の経験からも裏付けられる。近年の国際連合平和維持活動において重要な任務と位置付けられている住民保護などの治安の維持を任務とする場合を含め、任務の遂行に際して、自己保存及び武器等防護を超える武器使用が見込まれる場合には、特に、その活動の性格上、紛争当事者の受入れ同意が安定的に維持されていることが必要である。

（イ）自衛隊の部隊が、領域国政府の同意に基づき、当該領域国における邦人救出などの「武力の行使」を伴わない警察的な活動を行う場合には、領域国政府の同意が及ぶ範囲、すなわち、その領域において権力が維持されている範囲で活動することは当然であり、これは、その範囲においては「国家に準ずる組織」は存在していないということを意味する。

（ウ）受入れ同意が安定的に維持されているかや領域国政府の同意が及ぶ範囲等については、国家安全保障会議における審議等に基づき、内閣として判断する。

（エ）なお、これらの活動における武器使用については、警察比例の原則に類似した厳格な比例原則が働くという内在的制約がある。

３．憲法第９条の下で許容される自衛の措置

（１）我が国を取り巻く安全保障環境の変化に対応し、いかなる事態においても国民の命と平和な暮らしを守り抜くためには、これまでの憲法解釈のままでは必ずしも十分な対応ができないおそれがあることから、いかなる解釈が適切か検討してきた。その際、政府の憲法解釈には論理的整合性と法的安定性が求められる。したがって、従来の政府見解における憲法第９条の解釈の基本的な論理の枠内で、国民の命と平和な暮らしを守り抜くための論理的な帰結を導く必要がある。

（２）憲法第９条はその文言からすると、国際関係における「武力の行使」を一切禁じているように見えるが、憲法前文で確認している「国民の平和的生存権」や憲法第13条が「生命、自由及び幸福追求に対する国民の権利」は国政の上で最大の尊重を必要とする旨定めている趣旨を踏まえて考えると、憲法第９条が、我が国が自国の平和と安全を維持し、その存立を全うするために必要な自衛の措置を採ることを禁じているとは到底解されない。一方、この自衛の措置は、あくまで外国の武力攻撃によって国民の生命、自由及び幸福追求の権利が根底から覆されるという急迫、不正の事態に対処し、国民のこれらの権利を守るためのやむを得ない措置として初めて容認されるものであり、そのための必要最小限度の「武力の行使」は許容される。これが、憲法第９条の下で例外的に許容される「武力の行使」について、従来から政府が一貫して表明してきた見解の根幹、いわば基本的な論理であり、昭和47年10月14日に参議院決算委員会に対し政府から提出された資料「集団的自衛権と憲法との関係」に明確に示されているところである。この基本的な論理は、憲法第９条の下では今後とも維持されなければならない。

（３）これまで政府は、この基本的な論理の下、「武力の行使」が許容されるのは、我が国に対する武力攻撃が発生した場合に限られると考えてきた。しかし、冒頭で述べたように、パワーバランスの変化や技術革新の急速な進展、大量破壊兵器などの脅威等により我が国を取り巻く安全保障環境が根本的に変容し、変化し続けている状況を踏まえれば、今後他国に対して発生する武力攻撃であったとしても、その目的、規模、態様等によっては、我が国の存立を脅かすことも現実に起こり得る。我が国としては、紛争が生じた場合にはこれを平和的に解決するために最大限の外交努力を尽くすとともに、これまでの憲法解釈に基づいて整備されてきた既存の国内法令による対応や当該憲法解釈の枠内で可能な法整備などあらゆる必要な対応を採ることは当然であるが、それでもなお我が国の存立を全うし、国民を守るために万全を期す必要がある。こうした問題意識の下に、現在の安全保障環境に照らして慎重に検討した結果、我が国に対する武力攻撃が発生した場合のみならず、我が国と密接な関係にある他国に対する武力攻撃が発生し、これにより我が国の存立が脅かされ、国民の生命、自由及び幸福追求の権利が根底から覆される明白な危険がある場合において、これを排除し、我が国の存立を全うし、国民を守るために他に適当な手段がないときに、必要最小限度の実力を行使することは、従来の政府見解の基本的な論理に基づく自衛のための措置として、憲法上許容されると考えるべきであると判断するに至った。

（4）我が国による「武力の行使」が国際法を遵守して行われることは当然であるが、国際法上の根拠と憲法解釈は区別して理解する必要がある。憲法上許容される上記の「武力の行使」は、国際法上は、集団的自衛権が根拠となる場合がある。この「武力の行使」には、他国に対する武力攻撃が発生した場合を契機とするものが含まれるが、憲法上は、あくまでも我が国の存立を全うし、国民を守るため、すなわち、我が国を防衛するためのやむを得ない自衛の措置として初めて許容されるものである。

（5）また、憲法上「武力の行使」が許容されるとしても、それが国民の命と平和な暮らしを守るためのものである以上、民主的統制の確保が求められることは当然である。政府としては、我が国ではなく他国に対して武力攻撃が発生した場合に、憲法上許容される「武力の行使」を行うために自衛隊に出動を命ずるに際しては、現行法令に規定する防衛出動に関する手続と同様、原則として事前に国会の承認を求めることを法案に明記することとする。

4．今後の国内法整備の進め方

これらの活動を自衛隊が実施するに当たっては、国家安全保障会議における審議等に基づき、内閣として決定を行うこととする。こうした手続を含めて、実際に自衛隊が活動を実施できるようにするためには、根拠となる国内法が必要となる。政府として、以上述べた基本方針の下、国民の命と平和な暮らしを守り抜くために、あらゆる事態に切れ目のない対応を可能とする法案の作成作業を開始することとし、十分な検討を行い、準備ができ次第、国会に提出し、国会における御審議を頂くこととする。

（以上）

著者略歴

池上 彰（いけがみ・あきら）

1950年、長野県松本市生まれ。慶應義塾大学経済学部を卒業後、NHKに記者として入局。さまざまな事件、災害、教育問題、消費者問題などを担当する。1994年４月から11年間にわたり「週刊こどもニュース」のお父さん役として活躍。わかりやすく丁寧な解説に子どもだけでなく大人まで幅広い人気を得る。2005年３月にNHKを退職したのを機に、フリーランスのジャーナリストとしてテレビ、新聞、雑誌、書籍など幅広いメディアで活動。2012年２月、東京工業大学リベラルアーツセンター教授に就任。
おもな著書に『伝える力』シリーズ（PHP新書）、『そうだったのか！ 現代史』他、「そうだったのか！」シリーズ（集英社）、『知らないと恥をかく世界の大問題』シリーズ（角川SSC新書）、『そうだったのか！ 池上彰の学べるニュース』シリーズ、『ここがポイント!! 池上彰解説塾』シリーズ（海竜社）、『池上彰教授の東工大講義』シリーズ（文藝春秋）、『池上彰のニュース　そうだったのか!! １』（SBクリエイティブ）など、ベストセラー多数。

【大活字版】

日本《にほん》は本当《ほんとう》に戦争《せんそう》する国《くに》になるのか？

2018年４月15日　初版第１刷発行

著　者　池上《いけがみ》 彰《あきら》

発行者　小川 淳
発行所　SBクリエイティブ株式会社
〒106-0032　東京都港区六本木2-4-5
電話：03-5549-1201（営業部）

装　幀　長坂勇司（nagasaka design）
組　版　株式会社キャップス
編集協力　伊藤静雄
図版作成　山咲サトル
イラスト　堀江篤史
印刷･製本　大日本印刷株式会社

落丁本、乱丁本は小社営業部にてお取り替えいたします。定価はカバーに記載されております。本書の内容に関するご質問等は、小社学芸書籍編集部まで必ず書面にてご連絡いただきますようお願いいたします。

本書は以下の書籍の同一内容、大活字版です
SB新書「日本は本当に戦争する国になるのか？」

ISBN 978-4-7973-9651-5

池上彰のニュース
そうだったのか!!
1
テレビ朝日系全国ネット　毎週土曜よる7時54分放送中
日本人なら知っておきたい
「実はみんな
知らない日本」
「憲法」と「法律」は、
どっちがえらい？
「天皇陛下」の
お仕事って、なに？
いまさら
聞けない
きほんの
教養
SB Creative